PAUL MEURICE

LA
BRÉSILIENNE

DRAME

PARIS

CALMANN LÉVY, ÉDITEUR

ANCIENNE MAISON MICHEL LÉVY FRÈRES

RUE AUBER, 3, ET BOULEVARD DES ITALIENS, 15

A LA LIBRAIRIE NOUVELLE

—

1878

LA BRÉSILIENNE

DRAME

EN SIX ACTES, DONT UN PROLOGUE

Représenté pour la première fois à Paris

sur le théâtre de l'Ambigu

le mardi 9 avril 1878.

PAUL MEURICE

LA
BRÉSILIENNE

DRAME

PARIS

CALMANN LÉVY, ÉDITEUR

ANCIENNE MAISON MICHEL LÉVY FRÈRES

RUE AUBER, 3, ET BOULEVARD DES ITALIENS, 15

A LA LIBRAIRIE NOUVELLE

—

1878

LA BRÉSILIENNE

Personnages.		Acteurs.
BALDA.	Mmes	FARGUEIL.
ANGÉLINA.		ALICE LODY.
LA COMTESSE DE SERGY.		LACRESSONNIÈRE.
LUCIE.		MARIE-LAURE.
LE DOCTEUR ROBERT.	MM.	PAUL DESHAYES.
LE COMTE DE SERGY.		CLÉMENT-JUST.
LE MARQUIS DE MAUGIRON.		VILLERAY.
LUCIEN.		FABRÈGUE.
LE VICOMTE DU PLESSY.		PERRIER.
MARVEJOLS.		CHARTIER.
DE CLAIRVANNES.		THIBAUT.
BAPTISTE.		PLOTON.
VICTORINE.	Mmes	MURRAY.
JULIE.		PAULINE MOREAU.

PROLOGUE

A L'HOTEL DE SERGY, FAUBOURG SAINT-HONORÉ.

Salon de l'appartement de la comtesse de Sergy. Portes latérales à droite et à gauche. A gauche, grande cheminée. De chaque côté, sur le devant, large embrasure, occupée à droite par une porte à deux battants sous portière, à gauche par une bibliothèque à deux corps, genre Boulle. Au milieu, table d'ébène carrée, chargée de livres; grand fauteuil de malade à côté. Ameublement sévère et même sombre, meubles de chêne, tenture de velours de, Gênes brun.

SCÈNE PREMIÈRE

GERMAIN, en train d'attiser le feu de la cheminée, VICTORINE entre et pose une grande lampe allumée sur le guéridon.

GERMAIN.

Comment va Mme la comtesse ce soir, mademoiselle Victorine?

VICTORINE.

Pas trop bien, monsieur Germain. Madame est toujours d'une faiblesse !...

GERMAIN.

Elle doit pourtant être bien contente aujourd'hui.

VICTORINE.

Ah! vous savez la grande nouvelle?

GERMAIN.

Oh! moi, je suis un vieux serviteur, voyez-vous; j'ai vu naître Mlle Lucie; elle me dit tout. Elle m'a dit que son frère était en route pour revenir d'Amérique, et que Madame a reçu ce matin la lettre de M. Lucien qui le lui annonce.

VICTORINE.

Oui, et Mme la Comtesse a été, comme vous dites, bien joyeuse. Mais, avec sa maladie de cœur, les émotions, même de joie, ne sont pas bonnes. Ainsi madame, malgré sa potion, n'a pas pu dormir dans la journée ses deux heures; et, avec deux heures de nuit, c'est tout son sommeil.

GERMAIN.

Madame est délicate, mais elle est nerveuse; elle résiste. Et elle résistera longtemps, vous verrez!

VICTORINE.

Possible, si on la ménageait, si on la soignait, si elle n'avait ni secousse, ni peine. Mais dans l'état des choses...

GERMAIN.

Oh! quand son fils sera là, le bonheur va la guérir!

VICTORINE.

Monsieur Germain! je connais, à l'hôtel de Sergy, une personne qui sera moins heureuse de ce retour-là.

GERMAIN.

Mlle Balda ! Je crois bien ! c'est à cause d'elle que M. Lucien a été obligé de partir, il y a trois ans.

VICTORINE.

Ah ! c'est donc vrai ?

GERMAIN.

Et c'est malgré elle qu'il revient, j'en réponds !

VICTORINE, baissant la voix.

Peut-être bien aussi malgré M. le comte, dites ?

GERMAIN.

Je n'en sais rien. La Brésilienne a tant de pouvoir sur lui ! M. le comte n'est pas méchant, mais il est faible. Elle le flatte, elle le tient par la vanité. C'est égal ! si le retour de M. le vicomte peut prolonger la vie de sa mère, monsieur aura raison d'en être content. Le comte et la comtesse sont séparés de biens ; monsieur a un joli patrimoine, mais la grande fortune est du côté de madame. Rien que sa terre de Mandeville vaut trois millions ; et elle en a une aussi belle en Bourgogne ! C'est vrai que, pour obéir aux dernières volontés de son père, madame n'a jamais laissé son mari disposer de son bien ; c'est un des griefs de M. le comte, et en ça il n'a peut-être pas tort, car tout le monde reconnaît qu'il a de grandes capacités financières. Mais enfin, s'il n'est pas maître du fond, il jouit toujours du revenu ; et si madame mourait demain, M. Lucien, qui est maintenant majeur, prendrait sa moitié ; et Mlle Lucie, qui est en âge de se marier, aurait bientôt l'autre. Vous voyez que l'intérêt de M. le comte est que sa femme vive, quand même ça ne plairait pas à la Brésilienne.

1.

VICTORINE.

Elle est pourtant la parente de madame. Une malheureuse idée que madame a eue de la faire venir de son pays de tigres !

GERMAIN, voyant entrer Balda.

Chut ! c'est elle !

(Entre Balda.)

SCÈNE II

GERMAIN, VICTORINE, BALDA

BALDA.

Lucie n'est pas là ?

VICTORINE.

Non, mademoiselle.

BALDA.

Est-ce qu'elle s'habille déjà pour la soirée de Mme de Solanges ?

VICTORINE.

Non, mademoiselle.

BALDA.

Mme de Sergy est-elle visible ?

VICTORINE.

Non, mademoiselle. Madame n'a pas pu dormir dans la journée, elle essaye de se reposer. Le docteur a défendu qu'on la dérange ce soir.

BALDA.

Elle n'est pas plus malade ?

VICTORINE.

J'espère bien que non.

GERMAIN.

Nous l'espérons tous.

BALDA.

C'est bien. La défense n'est point pour les personnes de la famille. J'attendrai que ma cousine se lève.

VICTORINE.

Mais...

BALDA.

Vous pouvez vous retirer. (Elle va à la cheminée et se chauffe la pointe des pieds.)

VICTORINE.

Monsieur Germain, votre service vous appelle peut-être auprès de M. le comte. Moi, je suis au service de Mme la comtesse, et j'attends ses ordres.

GERMAIN, à part.

Bien répondu ! (Il sort par la gauche.)

VICTORINE.

Maintenant, mademoiselle, je vous prie de m'écouter. Le docteur est venu tantôt, sur les cinq heures ; Mlle Lucie n'était pas là. Quand je l'ai reconduit, il m'a dit : — Votre maîtresse a besoin, aujourd'hui, d'un calme absolu ; il faut qu'elle ne reçoive personne ; personne, vous entendez ! elle m'a promis de ne pas même voir sa fille ; faites-en avertir Mlle Lucie. — Je suis montée le dire tout

de suite à miss Gregor. — Vous voyez, mademoiselle,
que vous ne pouvez pas rester. Je vous prie donc de vouloir bien vous retirer, c'est l'ordre du médecin. Vous entendez. Retirez-vous, mademoiselle, je vous en prie.
Comment! vous ne me répondez même pas. Mais c'est
terrible, vraiment! Là! c'est pitié! ne restez pas! —
Rien toujours? Alors qu'est-ce que je peux faire, moi?
Avertir M. le comte?... Oui, ça vous fait hausser les
épaules. (On sonne au dehors.) Tenez, voilà madame qui me
sonne. Mademoiselle, je vous en prie, je vous en supplie.
Vous savez que votre présence ferait à madame beaucoup
de mal. Est-ce là ce que vous voulez? (Second coup de sonnette.) Mon Dieu! voilà madame.

(Entre la comtesse.)

LA COMTESSE.

Vous ne m'entendez donc pas, Victorine? (Apercevant
Balda.) Ah!... Vous saviez, Victorine, que je ne pouvais
voir personne ce soir.

VICTORINE.

C'est ce que j'ai dit, madame, mais on n'a pas voulu
m'entendre, et alors...

LA COMTESSE.

Bien, mon enfant. Laissez-moi.

(Victorine hésite, mais sur un signe de la comtesse, elle sort.)

SCÈNE III

LA COMTESSE, BALDA

LA COMTESSE.

Que me voulez-vous?

BALDA.

Pardonnez-moi, madame, je cherchais Lucie. Je venais lui offrir mes soins. Vous vous rappelez que vous lui avez permis d'aller chez Mme de Solanges, avec sa gouvernante, à cette soirée de jeunes filles. Me trouvant chez vous, contre mon habitude, j'ai eu plusieurs raisons pour rester. Je voulais d'abord vous présenter mes respects et m'informer de votre santé à vous-même.

LA COMTESSE.

Il suffit. Je suis très-faible. J'ai besoin de repos. Je vous souhaite le bonsoir.

BALDA.

Je voulais également vous féliciter du bonheur qui vous arrive.

LA COMTESSE, tressaillant.

De quel bonheur parlez-vous?

BALDA.

Je parle du prochain retour de M. Lucien.

LA COMTESSE.

Ah! Dieu! s'il est un nom que vous ne deviez jamais prononcer devant moi, mademoiselle, il me semble que c'est ce nom-là, le nom du fils qui, à cause de vous, a dû quitter son pays, quitter la maison paternelle, quitter sa mère... (Se maitrisant.) N'importe! vous me félicitez; merci. Je vous salue.

BALDA.

Enfin, madame, reçue chez vous par vos gens, j'ai tenu à rester pour vous avertir du manque d'égards inouï avec

lequel on a tenté de m'éconduire, et pour m'en plaindre
directement à vous, à vous seule, ne voulant m'adresser
à personne autre.

LA COMTESSE.

Ah ! c'est trop ! (Se levant.) Mademoiselle, vous avez pris
tout ici, et je vous ai tout laissé, par respect pour le nom
du père de mes enfants. Du désastre de ma vie, je n'ai
réservé que deux choses, mais auxquelles je vous défends
de toucher : — un sentiment, mes joies et mes douleurs
maternelles, — et un asile, cet appartement où ma dignité,
à défaut de ma maladie, m'aurait clouée. En passant le
seuil de cette porte, vous êtes chez moi. Le reste vous
appartient. (Étendant la main vers la porte.) Allez !

(Balda sans quitter des yeux les yeux de la comtesse, s'incline
profondément, puis se dirige, lente et silencieuse, vers la porte,
mais en tournant la tête de façon à soutenir jusqu'à la fin le
regard de Mme de Sergy.)

BALDA, arrivée près de la porte, à part.

Le premier coup a porté; frappons les autres ! (Elle fait un
geste de triomphe et sort rapidement.)

SCÈNE IV

LA COMTESSE, seule, puis VICTORINE

LA COMTESSE, retombant sur son fauteuil.

Elle a ce qu'elle voulait, elle a soulevé mon indigna
tion et ma colère ! Je suis brisée. Oh ! voyons, chassons
la pensée de cette femme... Lucien, mon fils, je vais le
revoir. Il va venir, il vient. (Tirant une lettre qu'elle relit.)
« Quand cette lettre te parviendra, ma mère bien-aimée,

je serai depuis trois jours en route. J'arriverai par Liver-
pool, sur le *Gibraltar*. Dis-toi que, dans huit ou neuf
jours, je serai près de toi. » — Dans huit jours !

VICTORINE, entrant.

Madame, M. le comte fait demander à Mme la comtesse
si elle veut bien le recevoir, avant qu'il aille au cercle.

LA COMTESSE.

Ce soir ? A présent ?... Ah ! je suis si souffrante! si fatiguée ! Je prie M. le comte de m'excuser... Je...

VICTORINE

C'est ce que j'ai dit déjà à Germain ; madame n'est pas
assez bien pour recevoir M. le comte. Je vais...

(Elle se dirige vers la porte.)

LA COMTESSE.

Attendez... Je me sens un peu mieux. — Faites répondre
à monsieur que je serai heureuse de le voir.

VICTORINE.

Madame, vous êtes si faible, si pâle !

LA COMTESSE.

Faites ce que je dis, mon enfant. (Victorine sort. La comtesse
à elle-même.) Mon mari veut sans doute me parler de Lucien, de sa lettre, de son retour. Je ne peux pas paraître
écarter cette conversation-là. (Souriant tristement.) Et puis, il
vient bien assez rarement chez moi, il ne faut pas le dé-
courager.

VICTORINE, ouvrant la porte.

M. le comte.

SCÈNE V

LA COMTESSE, LE COMTE

(Il pose en entrant son pardessus et son chapeau sur un fauteuil.)

LE COMTE.

Qu'est-ce que l'on me dit, ma chère Jeanne? Que vous
êtes ce soir un peu plus nerveuse et plus souffrante que
d'habitude.

LA COMTESSE.

Qui vous a dit ça?

LE COMTE.

Je ne sais trop si je dois répondre. C'est quelqu'un
dont vous êtes portée parfois, chère amie, à méconnaître
les sentiments; quelqu'un pourtant qui, à la minute
même, me recommandait avec instance de ne pas sortir
sans vous avoir vue.

LA COMTESSE.

Ah! c'est elle! Voilà une sollicitude que je pourrais
être tentée de suspecter encore! — Je m'en tiendrai à
regretter que cette pensée d'entrer me parler aujourd'hui
un moment ne vous soit pas venue à vous-même.

LE COMTE.

Je n'ai pas dit qu'elle ne m'était pas venue déjà.

LA COMTESSE.

Oh! oui, n'est-ce-pas? Car vous avez dû recevoir ce
matin une lettre, — une lettre de Lucien, — une lettre
pareille à la mienne?

LE COMTE.

Une lettre de mon fils, c'est vrai. Pareille à la vôtre,
j'en doute.

LA COMTESSE.

Comment ?

LE COMTE, se levant.

Vous êtes fatiguée, ce soir, Jeanne; n'allons pas plus
avant dans cet entretien.

LA COMTESSE.

Un mot, de grâce. Je connais mon fils, et, sans avoir
lu la lettre qu'il me dit vous avoir écrite, je suis sûre
qu'elle ne peut être que pleine de respect pour son père.

LE COMTE.

Le respect est dans les paroles peut-être, mais il n'est
guère dans l'action.

LA COMTESSE.

Dans quelle action ?

LE COMTE.

Lucien est en route pour revenir. A-t-il songé à me
consulter avant de prendre cette brusque résolution, —
que rien ne justifie ?

LA COMTESSE.

Il sait sa mère malade, et....

LE COMTE, avec amertume.

Et malheureuse, n'est-ce pas ?

LA COMTESSE.

Trouvez-vous, Jacques, que je suis heureuse? — Vous ne

pouvez en tout cas blâmer, même dans son exagération, la tendresse d'un fils pour sa mère.

LE COMTE.

Non! à la condition que la tendresse pour la mère ne sera pas un reproche pour le père.

LA COMTESSE.

Cela ne peut pas être.

LE COMTE.

Cela a été pourtant.

LA COMTESSE.

Hélas! j'ai pu à Lucie, jeune fille ignorante et innocente, cacher la vérité. Mais Lucien, un jeune homme...

LE COMTE.

Un enfant, mon fils, se permettrait de me juger! Je ne l'ai pas toléré. Il revient, soit! je ne le tolèrerai pas aujourd'hui davantage; et...

LA COMTESSE, joignant les mains.

Monsieur!...

LE COMTE.

Pardon! j'allais oublier que votre santé réclame des ménagements extrêmes. Vous voyez que j'avais raison de vouloir écarter cette explication entre nous. Restons-en là, je vous prie.

LA COMTESSE.

Non; maintenant vous me laisseriez l'inquiétude, pire que la peine. Parlez. Quelles sont vos intentions? Il faut que je le sache. Tâchons de nous entendre, et de prévenir, s'il est possible, le retour de ces conflits, de ces douleurs.

LE COMTE.

Enfin, que voulez-vous de moi ?

LA COMTESSE.

Que vous pardonniez à Lucien, que vous le receviez comme un père reçoit son fils, que vous n'exigiez pas de lui certaines condescendances qui révolteraient sa nature loyale et fière, et qui blesseraient l'affection qu'il me porte.

LE COMTE.

Ah ! c'est là que vous en voulez venir ! Je vous entends ! vous demandez que j'autorise votre fils à insulter, en actions et en paroles, une femme qui ne peut se défendre, et à faire, du haut de sa jeune majorité, la leçon à son père. Eh bien, non, il n'en sera jamais ainsi !

LA COMTESSE.

Monsieur, arrêtez !... par grâce !

LE COMTE.

M'arrêter ! je le voulais, je ne le peux plus. Croyez-vous que je n'ai pas, moi aussi, mes soucis et mes amertumes ? Comment ! j'ai partout et pour tous, en dehors de mon titre et de mon rang, une valeur et une autorité sans conteste ; et dans ma maison je suis méconnu ! Je suis de ceux qui règlent le budget de l'État ; et on m'a toujours refusé de gouverner la fortune de ma femme ! J'ai dans les affaires de mon pays ma part d'influence et de pouvoir ; et on veut que je me laisse, chez moi, morigéner et régenter par mon fils !

LA COMTESSE.

Assez ! épargnez-moi !

LE COMTE.

Non ! non ! que votre jeune champion se tienne ceci pour dit : j'entends rester dans la famille le chef et dans la maison le maître.

LA COMTESSE, presque évanouie.

Ah ! vous me tuez !

LE COMTE.

Jeanne ! Jeanne !... revenez à vous. Oui, j'ai été trop loin. Pardonnez-moi ! je me suis laissé emporter. C'est aussi un peu votre faute.

LA COMTESSE.

Oui, c'est moi !... — Ah ! elle savait bien ce qu'elle faisait, celle qui nous a mis ce soir en présence ! — Mais je ne veux pas vous irriter, je ne veux plus rien vous demander. Rien qu'une seule chose. Jacques, tant de coups ont bien abrégé et abrègent encore ma vie. Mes jours à présent sont comptés; je le sens, je le sais. Je vous ai souvent fatigué de mes faiblesses, excédé de mes plaintes; ce ne sera plus très-long, je vous le promets. Lucien revient, c'est pour me fermer les yeux, c'est pour que je meure dans ses bras. Je vous en prie, ne m'enlevez pas cette joie, la dernière que je puisse goûter ici-bas, ne me faites pas de cette suprême consolation une douleur nouvelle ! Cela, oh ! cela, je vous le demande, s'il le faut, à genoux.

(Elle se soulève et va pour s'agenouiller.)

LE COMTE, la retenant, la relevant.

Jeanne ! que faites-vous? que dites-vous? Je ne suis

pas une âme si cruelle! Que Lucien m'aime, et moi aussi je l'aimerai. Nous écarterons tout sujet de dissentiment entre nous, nous vous épargnerons tout ce qui vous serait trouble ou peine. Je vous le promets, je vous le jure.

LA COMTESSE.

Merci! — Cette parole-là, c'est tout ce que je voulais de vous.

LE COMTE.

Et vous y croyez, n'est-ce pas?

LA COMTESSE.

J'y crois, mon ami, et je vous remercie.

LE COMTE.

Bien! Et vous allez vous remettre, et espérer, et guérir. — Mais vous êtes bien pâle encore. Voulez-vous que j'appelle Victorine?

LA COMTESSE.

Non, ce ne sera rien. Seulement, voilà pour moi bien des émotions en un jour, et j'ai vraiment besoin de repos. Je vous ai retenu, mon ami. Allez, je vous rends à votre monde.

LE COMTE.

Mais vous êtes mieux, n'est-ce pas?

LA COMTESSE.

Oui. — Merci encore! A demain.

LE COMTE.

A demain.

(Il sort.)

LA COMTESSE, seule.

Ah! mon cœur! Ah! j'ai cru tout à l'heure que j'allais mourir. — Mourir! non, je ne veux pas mourir maintenant! je veux revoir mon Lucien!

SCÈNE IV

LA COMTESSE, LUCIE, puis VICTORINE

(Lucie entre doucement, prend la main de sa mère et la baise.)

LA COMTESSE.

Toi, ma Lucie! — Je te croyais partie à cette soirée.

LUCIE.

Oui, je sais, ta porte était défendue. Mais on m'a dit de ne pas partir sans entrer au moins t'embrasser.

LA COMTESSE.

Qui? ton père?

LUCIE.

Non. — C'est ma cousine Balda.

LA COMTESSE.

Ah!.. Cette fois elle a bien fait : ta présence à toi m'est toujours douce et bonne! — Comme tu es belle!

LUCIE.

Dame! puisque tu as voulu que j'aille chez Clarisse, au lieu de rester près de toi, comme moi je le voulais.

LA COMTESSE.

Non, non, tu es bien assez garde-malade. Je veux que

tu prennes un peu de distraction et de plaisir. A ton âge,
c'est un besoin. Va chez tes petites amies. Tu es avec
miss Gregor comme tu serais avec moi. Va, chère fille;
embrasse-moi, et va!

LUCIE.

C'est égal! j'aurais bien mieux aimé passer la soirée
avec toi, à parler encore de Lucien. Si tu savais ce que,
depuis tantôt, j'ai fait de projets, de projets charmants!

LA COMTESSE.

Tu me les diras demain, ma mignonne.

LUCIE.

Oui, demain. — Deux mots seulement ce soir, pour
que de ton côté tu y songes. Quand mon frère sera revenu, au lieu de rester confinée dans cet appartement si
triste, tu nous emmènerais, nous nous en irions à la
campagne, chez toi, à Mandeville. Serions-nous heureux,
là, tous les trois! Voilà mon château en Espagne, il est en
Normandie! Tu n'as qu'à y rêver, tu auras une bonne
nuit. — Et maintenant, un baiser, vite, et je me sauve.

LA COMTESSE.

Un moment! — C'est... une singulière idée que tu as
eue là.

LUCIE.

Est-ce qu'elle n'est pas bonne?

LA COMTESSE.

Excellente! — Mais, dis-moi, comment et pourquoi
cette idée t'est-elle donc venue?

LUCIE.

Je ne sais. Nous en reparlerons demain. Ce soir, tu es
trop lasse.

LA COMTESSE.

Réponds-moi, réponds-moi ! — Qui est-ce qui te l'a suggérée, cette idée ?

LUCIE.

Mais, c'est sans doute le retour de Lucien, qui m'a fait penser... que cela vaudrait mieux ainsi.

LA COMTESSE.

Tu n'as pas d'autre raison ? — Voyons, ma chérie, sois sincère, ne me cache rien. Quelle est ta vraie pensée ?

LUCIE.

Mais, maman, je me suis figuré que cela serait meilleur pour toi, — pour Lucien, — pour mon père.

LA COMTESSE.

Que veux-tu dire ?

LUCIE.

Rien. — Miss Grégor doit m'attendre.

LA COMTESSE.

Enfin, depuis quand as-tu ces idées ?

LUCIE.

Oh ! depuis quelque temps déjà.

LA COMTESSE.

Depuis quand ? depuis quand ?

LUCIE.

Eh bien !... depuis que je ne te demande plus pourquoi Lucien est parti.

LA COMTESSE, portant la main à son cœur.

Mon Dieu !

LUCIE, se jetant à son cou.

Ah! je t'ai fait de la peine! Tu m'en veux?

LA COMTESSE.

Non! non! (Vivement.) Mais, écoute-moi, il faut aimer ton père, ma fille! le respecter, lui obéir! Et que jamais il ne se doute... J'ai eu des torts. J'étais trop exigeante, — altière parfois, triste souvent.

LUCIE, lui mettant la main sur la bouche.

Tais-toi! ne t'accuse pas, mère! je ne te croirais pas!

(Entre Victorine.)

VICTORINE.

La voiture attend Mlle Lucie, et miss Gregor est descendue.

LA COMTESSE.

Va, va, ma chérie.

LUCIE.

Décidément, tu me renvoies.

LA COMTESSE.

Oui, ma bien-aimée, va.

LUCIE.

Et tu ne m'en veux pas?

LA COMTESSE, l'embrassant avec passion.

Ah! je te bénis, mon doux ange!

(Lucie, de la porte, envoie des deux mains à sa mère un baiser, et sort.)

VICTORINE.

Madame n'a pas besoin de moi?

LA COMTESSE.

Non. C'est l'heure de votre souper. Allez, mon enfant; je vous sonnerai.

(Sort Victorine.)

2

SCÈNE VII

LA COMTESSE, seule, puis BALDA.

LA COMTESSE.

Ma pauvre enfant! elle sait tout! Quelle initiation à
la vie! — Ah! ces assauts répétés!... Je suis à bout de
forces! — Dieu! si je mourais?... Ma Lucie! elle serait
donc à la discrétion de cette femme, qui domine son
père? — O mon Dieu! laissez-moi vivre, vivre encore! —
Ah! je suis comme anéantie. (Sa tête retombe sur le coussin du
fauteuil, elle demeure assoupie. La porte du pan coupé s'ouvre lentement. Balda, pâle, les yeux dilatés, soulève la portière et s'arrête sur le
seuil. Elle fait trois ou quatre pas, s'arrête de nouveau, et regarde la
comtesse.)

BALDA, à elle-même.

Elle dort. Elle a l'air assez calme. Si elle allait résister
à ce dernier coup? C'est moi qui serais perdue! La partie
que je joue là est terrible. Ce docteur célèbre, que j'ai été
consulter ce matin, il m'a bien dit : « Dans l'état de maladie que vous décrivez, un coup de couteau ne serait pas
plus mortel que ce coup de douleur au cœur. » Ah! sous
le voile qui cachait mon visage, j'ai senti, quand il m'a
dit ça, que je devenais toute pâle. Qu'est-ce que je dois
donc être à présent? — Oui, mais s'il s'est trompé? si
elle survit? La fausse nouvelle constatée, le mensonge
avéré, je suis, moi, honnie, exécrée, chassée. — Ah! tant
pis! c'est trop tard, ma chère! Le tout pour le tout!
(Elle revient rapidement à la porte, se penche pour écouter les bruits du
dehors, relève la tête, tire de sa poche et déploie un journal, un numéro du
Times, et referme bruyamment la porte. La comtesse se dresse en sursaut.
Balda s'élance vers elle, et, d'une voix vibrante.) Ah! pauvre mère!
pauvre amie! Quel malheur! C'est épouvantable!

LA COMTESSE, sur son séant, les yeux égarés.

Hein? — Quoi? — Un malheur?...

BALDA, agitant le journal devant elle.

Le *Gibraltar !* — Perdu corps et biens !

LA COMTESSE, les yeux hors de leur orbite, la bouche
démesurément ouverte.

Lucien?

BALDA.

Lucien est mort !

LA COMTESSE, d'une voix rauque.

Mort !... Mort !...

(Elle se soulève, étend les bras, bat l'air de ses mains, et retombe,
roide et droite, au pied de son fauteuil. — Balda, blême, les cheveux hérissés, marche à reculons jusqu'à la porte. Puis, lentement, elle se rapproche et, s'inclinant, étend sa main crispée
sur le cœur de la comtesse.)

BALDA.

Madame la comtesse de Sergy est morte !

ACTE PREMIER

Le même salon ; mais la tenture et l'ameublement sont entièrement changés. Couleurs claires et gaies. — Meuble Louis XV doré en tapisserie. Des fleurs dans la cheminée. Au centre, divan autour d'une corbeille de fleurs. Dans l'embrasure de gauche, un cabinet portugais en vieux chêne doré.

SCÈNE PREMIÈRE

Entrent LUCIE, JULIE ; puis ANGÉLINA

JULIE.

Madame la comtesse de Sergy doit être à sa toilette ; mais mademoiselle vient pour la nièce et non pour la tante, n'est-ce pas ? Eh bien, Mlle Angélina peut vous recevoir à présent.

LUCIE.

Alors, la quarantaine est tout à fait levée ?

JULIE.

Oui, et la convalescence finie ! Permission à Mlle Angélina de sortir de sa chambre. Permission de voir qui elle voudra, aussi longtemps qu'elle voudra. Et savez-vous, mademoiselle, quel a été son premier cri ? « Je vais donc pouvoir embrasser ma Lucie ! »

LUCIE.

Bonne Angélina !

JULIE.

Oh ! ça, c'est vrai qu'elle est bonne et gentille ! (Voyant entrer Angélina.) Tenez ! elle vous aura entendue. (Elle sort.)

ANGÉLINA court se jeter dans les bras de Lucie.

Lucie !

LUCIE.

Enfin !

ANGÉLINA.

Y a-t-il assez longtemps que je ne t'ai vue ! Vingt-neuf jours, ma chérie ! — Mon danger, ce n'était rien ! mais tu aurais gagné mon mal, et c'était moi qui étais forcée de dire : Qu'elle ne vienne pas ! qu'elle ne vienne pas ! — Oh ! le temps le plus tristement perdu, c'est le temps perdu pour s'aimer.

LUCIE.

Oui ! — Et quand je pense que moi, ma pauvre mignonne, je ne t'ai pas aimée tout de suite ! — Il y a dix-huit mois, presque aussitôt après la mort de ma mère, ta tante, qui n'était alors pour moi que ma cousine Balda, est partie pour t'aller chercher à Rio-de-Janeiro, et, lorsqu'elle t'a ramenée il y a un an, je ne t'ai vue d'abord qu'avec méfiance et froideur ; il t'a fallu du temps pour me vaincre à force de tendresse et de grâce ! — Mais aussi, sache-le, il y a trois mois, le grand chagrin que je devais avoir, en voyant une autre venir occuper ici la place de ma mère, a été adouci par la pensée que tu venais avec elle, que tu habiterais près de moi, et que je te verrais tous les jours !

ANGÉLINA.

Et nous avons été tout un mois séparées ! Il paraît que ton nom revenait à chaque instant dans ma fièvre...

2.

LUCIE, avec inquiétude.

Rien que mon nom, n'est-ce pas ?

ANGÉLINA.

Oh ! je n'ai rien laissé échapper de tes secrets, sois tranquille.

LUCIE.

Eh ! ce n'aurait pas été ta faute, mon ange ! Tu n'avais pas toujours conscience de toi-même ; et ta tante était là, qui ne te quittait pas, qui te veillait, que tu aimes...

ANGÉLINA.

Lucie ! elle est ma seule famille, et toi tu es ma grande amitié. J'aimerais mieux mourir que de te trahir pour elle, — de même que, si elle avait quelque chose à cacher, j'aimerais mieux mourir que de la trahir pour toi !

LUCIE.

Oui ! on peut se fier à ton cœur dévoué et fidèle !

ANGÉLINA.

Je t'aime bien ! — Dans mes plus forts accès, ma grande angoisse était de ne plus rien savoir de ce qui t'intéresse, c'est-à-dire de ce qui me passionne. Je ne pouvais que deviner, conjecturer. Voyons, vite, mets-moi au courant. Vite, pendant que nous sommes seules. — J'ai compté ; tu as dû le voir cinq fois depuis que je ne sors pas avec toi.

LUCIE.

Quatre fois seulement. Tu sais que je ne vais à Saint-Germain, chez mon oncle d'Arnaud, que le lundi. — Chaque fois, Robert m'a parlé de toi.

ANGÉLINA.

Ah ! vraiment?... Il a eu la bonté !... Qu'est-ce qu'il a dit ?

LUCIE.

Mais il me demandait des nouvelles de sa petite amie.
Il était désolé de la savoir souffrante. Il aurait donné
beaucoup pour pouvoir venir ici comme médecin, et te
soigner lui-même.

ANGÉLINA.

Il a dit ça ! Ah ! je crois bien ! s'il avait pu !... C'est
un si grand médecin ! il m'aurait guérie tout de suite,
lui ! — Qu'est-ce qu'il disait encore ?

LUCIE.

Il s'impatientait de ne pas voir arriver Lucien, qui
l'aurait présenté plus tôt, et lui aurait donné accès au
chevet de sa petite malade.

ANGÉLINA.

Qu'il est bon !

LUCIE.

Car notre grand événement, tu le sais, c'est le retour
de mon frère.

ANGÉLINA.

Oui, M. Lucien est arrivé hier d'Amérique ; je l'ai vu
deux ou trois minutes.

LUCIE.

Tu vas le voir plus longtemps tout à l'heure. Je
soupçonne qu'il est sorti me chercher quelque surprise.
— Et sais-tu pourquoi il revient ?

ANGÉLINA.

C'est dans les choses que j'ai devinées. M. d'Arnaud,
qui approuve l'amour qu'a pour toi son ami le docteur
Robert, est brouillé avec ton père, et vous aviez déjà

parlé devant moi d'appeler M. Lucien, à qui M. Robert a sauvé la vie en Amérique. — Est-ce qu'il va le présenter bientôt à M. de Sergy ?

LUCIE.

Sans prononcer de nom, Lucien a dit hier à mon père qu'il lui amènerait un ami. Et sais-tu quand vient Robert ? Aujourd'hui même.

ANGÉLINA.

Ah ! je vais le voir alors !

LUCIE.

Sans doute.

ANGÉLINA.

Est-ce qu'il va être tout de suite question de mariage ?

LUCIE.

Hélas ! les choses ne vont pas si vite ! Elles n'iront cette fois que trop lentement.

ANGÉLINA.

Tu prévois des obstacles ?...

LUCIE.

Oui, de grands obstacles ! Mon frère est là ; mais, vois-tu, il me manque ma mère. Il y a bien des choses qui m'inquiètent. As-tu remarqué, aux jeudis de Mme de Sergy, M. de Maugiron ?

ANGÉLINA.

Celui qui se bat si souvent en duel ? Oh ! je le déteste !

LUCIE

Eh bien ! je ne sais si je me trompe, mais pendant ton absence il m'a semblé que ce M. de Maugiron, qui m'effraîc, était, bien plus qu'à l'ordinaire, assidu et attentif auprès de moi.

ANGÉLINA.

Est-il possible ! — Mais crois-tu que ton père lui-même voudrait?...

LUCIE, lui prenant la main.

Angélina ! à côté de mon père, il y a maintenant, tu le sens comme moi, une influence très-puissante.

ANGÉLINA.

Je sais ce que tu veux dire.

LUCIE.

Cette influence, il ne faudrait pas sans doute lui demander d'être pour nous, mais si elle voulait du moins n'être pas contre nous ? — En cela, Angélina, tu pourrais nous aider peut-être ?

ANGÉLINA.

Le pourrais-je ?...

LUCIE.

Je m'en rapporte à toi. — Encore une fois, j'ai dans ton dévouement une entière confiance.

ANGÉLINA.

Et lui ?

LUCIE.

Lui ! plus encore que moi, si c'est possible. Il te connaît et il t'apprécie comme il faut. Il me le répétait lundi dernier : « Nous pouvons nous fier à Angélina; c'est un charmant et singulier mélange ; elle a encore la grâce de la petite fille, et déjà l'âme de la femme. »

ANGÉLINA.

Ah ! tu ne m'avais pas dit ça ! — Eh bien, écoute : il a raison. Oui, je vous serai une bonne petite alliée. Sans trahir personne, je peux, je veux vous servir. Je veillerai, j'agirai. — Tu verras ! tu verras !

LUCIE, l'embrassant.

Ma chérie !

SCÈNE II

LES MÊMES, LUCIEN, portant dans ses mains deux grands écrins.

LUCIEN, sur le pas de la porte.

Peut-on entrer ?

LUCIE.

Oui, oui, entrez, monsieur mon frère ! (Elle va pour l'embrasser.)

LUCIEN.

Prends donc garde ! prends donc garde ! tu vois bien que je suis chargé d'objets précieux. Je suis mon propre commissionnaire. (Il pose les écrins sur la table.) Là ! maintenant... (Il embrasse Lucie au front ; gravement, à Angélina.) Quant à vous, mademoiselle Angélina, je vous ai été présenté hier officiellement, mais brièvement ; je ne vous ai pas vue trois minutes ! Mais aujourd'hui, j'ai causé longtemps de vous avec Lucie ! Il paraît que vous êtes la sœur de ma sœur. (Changeant de ton, et très-gaiement.) Il est donc clair comme le jour que je suis votre frère, et je vous demande de me permettre de vous embrasser comme elle.

ANGÉLINA, avec effusion.

Oh ! mais de tout mon cœur ! (Il l'embrasse.)

LUCIEN.

Sur ce, continuant d'user de mes priviléges fraternels,

je passe aux cadeaux d'arrivée. Commençons par la plus jeune. (Il lui montre un des écrins posés sur la table.)

ANGÉLINA.

Une parure de corail rose ! Mon rêve ! (à Lucien.) Oh ! vous êtes extrêmement aimable, vous ! — Tant pis ! embrassez-moi encore !

LUCIEN, l'embrassant.

Est-elle gentille !

ANGÉLINA.

Vite, à présent ! je suis curieuse ! voyons la parure de Lucie. (Elle ouvre l'autre écrin.)

LUCIE.

Ce doit être la pareille.

ANGÉLINA.

Mais non, celle-là n'est pas rose, elle est blanche.

LUCIE, regardant l'écrin.

Comment ! des perles ! des perles de cette valeur, de cette beauté ! Es-tu fou, Lucien ?

LUCIEN.

Au contraire ! j'ai fait en Amérique des économies... forcées, et j'offre à ma sœur cette preuve de ma sagesse.

LUCIE.

Oh ! cher frère ! Mais c'est vraiment par trop beau !

ANGÉLINA.

Pas du tout ! Moi, c'est aussi beau, je n'ai pas dit que c'était trop beau ! C'est égal ! comme tu vas être belle !

Oh ! ma petite Lucie, veux-tu être bien bonne ? laisse-moi t'essayer ta parure !

LUCIE.

Par exemple, tu rêves !...

ANGÉLINA.

Tiens, je n'ai qu'à dégager ton cou. (Elle lui enlève sa guimpe, et lui attache le collier.)

LUCIE.

Mais vas-tu finir ?

ANGÉLINA, à Lucien qui rit.

Aidez-moi ! Passez-moi les bracelets. (Elle enlève à Lucie ses bouts de manches, et lui attache les bracelets.)

LUCIE, riant.

Allons, très-bien ! je suis votre grande poupée, mademoiselle !

ANGÉLINA, riant.

Comme vous dites ! (S'éloignant pour contempler Lucie.) Oh ! qu'elle est jolie !

SCÈNE III

LES MÊMES, BALDA

LUCIE.

Vous arrivez bien, madame. J'ai grondé Lucien qui me donne de force cette parure ; grondez Angélina qui me l'essaie de force !

BALDA.

Oh ! les magnifiques perles ! Mes compliments, monsieur ! c'est une merveille.

ANGÉLINA, à Balda.

Et moi aussi, j'ai une parure ! (Lui montrant son écrin ouvert.)
Regarde.

BALDA.

Oh ! monsieur, c'est beaucoup trop ! vous faites des
cadeaux de prince.

ANGÉLINA.

Mieux que ça ! des cadeaux de frère !

BAPTISTE, entrant.

M. de Maugiron demande si madame la comtesse peut
le recevoir un instant ?

ANGELINA.

Sauvons-nous ! (à Balda) Tu permets, n'est-ce pas ?....
Et nous emportons les cadeaux ! et nous emmenons le
frère !

LUCIEN, s'inclinant.

J'aurai l'honneur de vous revoir tantôt, madame, avec
l'ami que vous m'avez permis de vous présenter ! (Il sort
avec Lucie et Angélina.)

BAPTISTE.

M. de Maugiron.

SCÈNE IV

BALDA, MAUGIRON

MAUGIRON, saluant profondément Balda.

Madame !... — Je viens à l'ordre, comme nous disions
au régiment.

BALDA.

Rien de nouveau. Je n'ai pas vu encore M. de Sergy,
qui a été dehors toute la matinée.

MAUGIRON.

Alors je vous laisse. Je reviendrai. C'est une chance
que je demeure près d'ici. Rue d'Anjou. Deux cents pas
à faire.

BALDA.

Revenez dans une heure. Je vous aurai préparé les
voies. Et faites tout de suite votre demande.

MAUGIRON.

Comment ! sitôt !

BALDA.

Songez que la présentation de l'autre est pour quatre
heures.

MAUGIRON.

Et il est important, certes, de le devancer. — M. Lucien
ne l'a pas nommé, et vous ne savez toujours pas qui
c'est ?

BALDA.

J'en ai fait bien assez, je pense, en mettant la main,
par des moyens hardis, sur deux billets de lui, et sur
une lettre d'elle qui, à un moment donné, pourra servir.

MAUGIRON.

Ces billets, ils n'étaient donc pas signés?

BALDA.

Signés seulement d'une R. — Raoul, René, Richard ?

MAUGIRON.

Vous pourriez, par votre nièce, en savoir plus long ?

BALDA, sèchement.

Je ne mêle pas ma nièce à mes affaires. — Mais qu'est-
ce que vous craignez tant de ce rival inconnu ?

MAUGIRON, riant.

Ah! chère madame, mes calomniateurs vous diront
qu'il y aurait plutôt à craindre pour lui.

BALDA.

Oui, je sais, vous avez des façons de vous débarrasser
des gens, expéditives, et, dit-on, immanquables. C'est
égal! je crois que vous faites bien de n'en user qu'avec
une sobriété extrême.

MAUGIRON, riant.

Eh! c'est tout à fait mon avis! Être l'homme qui tue,
qui tue à coup sûr, ce n'était une force réelle qu'au beau
temps des grands coups d'épée. Cependant, même dans
ce siècle dégénéré, c'est encore une force... relative. Vous
permettez, n'est-ce pas, ma chère partenaire, que je vous
montre nos atouts?...

BALDA, riant.

Allez, allez!

MAUGIRON.

On n'est plus, voyez-vous, un tireur un peu infaillible
qu'au prosaïque pistolet. Et je passe pour y être arrivé
à une précision... quasi mathématique. Oui, on prétend
que je tue si je veux, que je blesse au degré que je veux.
Reste une difficulté, c'est de s'arranger pour être toujours provoqué, afin d'avoir le choix des armes. Mais
l'insulte possible est aussi redoutée que la balle probable; et ma force est suffisante... à l'état de menace.

BALDA.

J'entends; on n'est plus l'homme qui tue, mais l'homme
qui peut tuer.

MAUGIRON.

C'est ça même ! et qui, par les instincts de conservations actuels, peut faire ainsi, sans coup férir, reculer ses adversaires. Voilà pourquoi j'ai intérêt à connaître aujourd'hui le mien.

BALDA.

Nous le connaîtrons tout à l'heure.

MAUGIRON.

A tout à l'heure donc ! Plaidez le mieux possible ma cause auprès de M. de Sergy.

BALDA, riant.

Moi? pas si simple ! Je vais vous accabler ! je vais dire la vérité.

MAUGIRON, riant.

A merveille ! La vérité vraie est que, dans mon intime conviction, M. de Sergy est un financier de premier ordre; que j'ai sincèrement la certitude qu'il ferait ma fortune, la sienne et la vôtre; et que Christophe Colomb n'a pas dû regarder de trop près aux vertus privées de celui qui lui a fourni son vaisseau pour le Nouveau Monde. — A tout à l'heure. (Il sort.)

BALDA, seule.

Élégant, corrompu, cynique; propre à rien, prêt à tout; un viveur qui tue. — Excellent instrument, ce Maugiron ! — Non pas précisément contre ce prétendant que j'ignore; mais voilà maintenant le frère réuni à la sœur. Jouons première, et jouons serré ! (Entre le comte.)

SCÈNE V

BALDA, LE COMTE

LE COMTE, lui baisant la main.

Bonjour, ma chère ! — Je croyais que j'allais trouver Angélina près de vous.

BALDA.

Elle était là, tout à l'heure ; vous allez la voir.

LE COMTE.

Ah ! j'ai hâte de l'embrasser, cette chère convalescente.

BALDA.

Que vous êtes bon pour cette petite !

LE COMTE.

Eh ! c'est tout simple ! elle est charmante, elle est vôtre, — et je vous aime ! — Mais — je n'ai pas pu vous voir un moment seule hier soir — quelle a été votre première impression sur Lucien ? Pas trop mauvaise, n'est-ce pas ?

BALDA.

Je ne pouvais pas attendre de votre fils de grands témoignages d'affection ; mais je l'ai trouvé parfaitement correct et déférent pour celle qui porte aujourd'hui le nom de son père.

LE COMTE.

Oui ! je n'ai pas été mécontent non plus. Eh bien, ma chère, vous voyez que vous aviez tort de vous inquiéter de ce retour subit de mon fils.

BALDA.

Mon ami, je m'inquiétais, ce n'était pas pour moi.

LE COMTE.

Et pour qui alors?

BALDA.

C'était à cause de Lucie.

LE COMTE.

De Lucie?

BALDA.

Lucie, dites-moi, n'aimerait-elle pas quelqu'un à votre insu?

LE COMTE.

Lucie! et qui? Pendant votre absence nous ne recevions personne.

BALDA.

Lucie allait chaque semaine, et continue d'aller à Saint-Germain chez sa tante, madame d'Arnaud, que vous ne voyez jamais.

LE COMTE.

Eh! précisément, M. d'Arnaud reçoit si peu de monde!

BALDA.

M. Lucien vous a demandé la permission de vous présenter aujourd'hui un ami. Qu'est-ce que c'est que cet ami? Le savez-vous?

LE COMTE.

Non. Vous avez entendu Lucien; il m'a dit en riant qu'il me voulait ménager une surprise, que je ne connaissais pas cet ami, mais que je le connaîtrais dès qu'il me

l'aurait nommé. J'ai supposé qu'il s'agissait de quelque
célébrité, d'un artiste, d'un écrivain. — Croyez-vous
que Lucien pense à le donner pour mari à sa sœur?

BALDA.

Écoutez! tandis que Lucien parlait, j'observais Lucie.
Eh bien, ils ont certainement échangé un coup d'œil d'intelligence.

LE COMTE, se levant.

Si mon fils ne revient encore que pour contrecarrer
mes volontés!... Lucie a dix-huit ans à peine, et j'ai mes
raisons, je l'ai dit assez souvent, pour ne pas la marier si
jeune. D'abord, mon action politique s'étend de jour en
jour, et dans trois ou quatre ans...

BALDA.

Dans trois ou quatre ans vous serez ministre!

LE COMTE.

C'est ce qu'on me dit en bon lieu. Mais, pour nous en
tenir au présent, il y a cette vaste affaire du Crédit terri-
torial dont je suis un des fondateurs. La voilà enfin à la
veille de se constituer, et, dans l'intérêt même de Lucie,
j'y ai engagé l'usufruit de ses biens maternels. Lucien devrait être le premier à comprendre que je serai à même
de faire faire à sa sœur dans trois ans un bien plus beau
mariage.

BALDA.

Oui, mais si déjà elle aime?

LE COMTE.

Roman de petite fille, qui ne compterait pas devant une
résolution sérieuse.

BALDA.

La vôtre alors est irrévocable?

LE COMTE.

Et absolue!

BALDA.

Pour ma part, soyez-en sûr, je m'y conforme stricte-
ment. Pas plus tard qu'avant-hier, quelqu'un, qui aurait
voulu solliciter de vous la main de Lucie, me priait d'intervenir et d'appuyer sa demande; je lui ai dit non le
plus nettement du monde.

LE COMTE.

Et vous avez très-bien fait, chère amie.

BALDA.

J'ai bien fait, n'est-ce-pas? dites-moi qu'en tout état de
cause j'ai bien fait.

LE COMTE.

Sans doute.

BALDA.

Ah! c'est qu'aussi je sais quel génie financier est en
vous, reconnu de vos ennemis mêmes, et je vous ai entendu dire que si, au lieu d'avoir seulement l'usufruit
des biens de Lucie, vous aviez à votre disposition le ca-
pital...

LE COMTE.

Oh! j'aurais depuis longtemps triplé sa fortune! Mais
ses biens sont en terre, qu'il m'est absolument défendu
d'aliéner!

BALDA.

Et est-ce que son mariage rendrait ces biens... comment dites-vous? aliénables?

LE COMTE.

Oui, mais pour les mettre à la disposition de son mari.

BALDA, comme à elle-même.

Ah! alors, ce que disait cette personne?... Si son mari, lui, les mettait, ces biens, à votre disposition ?

LE COMTE.

Comment ça ?

BALDA.

Le prétendant dont je parle est au courant de votre affaire... de ce Crédit. Il a pour vous, c'est ce qui me plaît en lui, il a pour votre supériorité dans les choses de finances une admiration sans bornes. Il me disait que, si votre apport dans la société à fonder était plus important, était très-important, — vous aviez toutes les chances pour en être le président; qu'il y avait là une fortune considérable et assurée; — et que, s'il avait l'honneur d'être accepté par vous pour gendre, il croirait n'avoir qu'une chose à faire, ce serait de mettre entre vos mains les biens et les intérêts de sa femme, et les siens propres.

LE COMTE.

Ah!... (Un silence.) Est-ce qu'il y aurait de l'indiscrétion, ma chère, à vous demander le nom de la personne?

BALDA.

Pas le moins du monde. C'est M. le marquis de Maugiron.

LE COMTE.

Ah! (Nouveau silence.) Alors vous l'avez complétement repoussé?

BALDA.

Oh! sans rémission!

3.

LE COMTE.

Vous lui êtes personnellement hostile?

BALDA.

Dans toute question de mariage pour Lucie, je suis neutre. Quant à M. de Maugiron, je le connais directement fort peu. Mais j'ai entendu dire de lui, et contre lui, beaucoup de choses.

LE COMTE.

On dit beaucoup de choses de beaucoup de gens. Que dit-on de lui en somme?

BALDA.

Eh! d'abord ce serait un duelliste terrible! Au pistolet il vous tuerait son homme avec une aisance!..

LE COMTE.

Il a tué *un* homme! Il était capitaine d'état-major. Son colonel lui a un jour cherché chicane à l'écarté. Il a donné sa démission, et il a logé une balle dans la tête de ce mauvais joueur. Depuis, dans deux rencontres, — où toujours il a été provoqué, — il s'est contenté de casser le bras à ses adversaires, — le bras droit à l'un, le bras gauche à l'autre...

BALDA, riant.

Pour faire la paire. Eh! c'est la modération dans la force, ça! — Mais est-ce qu'il n'y a pas encore sur lui, dans un autre genre, une autre histoire? Ah oui! Mme d'Arsac, la très-riche veuve du conseiller d'État, est-ce qu'on ne dit pas que M. de Maugiron, ruiné plus qu'aux trois-quarts?..

LE COMTE.

Est *cher* à Mme d'Arsac? C'est le mot de cet affreux pe-

tit journal, le mot qui a coûté le bras gauche au journa-
liste. Mais tout ça n'est pas prouvé. Et qu'est-ce que tout
ça prouve? que Maugiron est brave, et qu'il a des succès,
c'est-à-dire des envieux. Il est d'ancienne et grande maison. Quant à sa fortune, quelle qu'elle soit aujourd'hui,
je réponds qu'elle serait bientôt des plus brillantes, s'il
persiste dans son intention de l'associer à la mienne.

BALDA.

Ah ça! mon ami, est-ce que décidément, en écondui-
sant M. de Maugiron, j'aurais fait une bévue, moi?

LE COMTE, riant.

Eh! non, ma chère. Qu'est-ce qu'il vous a répondu?

BALDA.

Oh! il a énergiquement protesté. Il a dit qu'il en appe-
lait à vous. Je crois qu'il se présentera aujourd'hui même.

LE COMTE.

C'est bien, je le verrai venir, et me déciderai à bon
escient.
(Il se lève.)

BALDA.

En tout cas, vous témoignerez, mon ami, que je n'ai
été pour rien dans vos résolutions.

LE COMTE, riant.

Sans reproche, je témoignerais plutôt que vous avez
été contre! A tantôt! Mais je n'ai toujours pas vu Angélina...

BALDA.

Elle n'aura pas osé entrer. (Elle sonne. Julie entre.) Mlle Angélina.
(Julie sort.)

LE COMTE.

M. de Maugiron ne vous a pas dit à quelle heure il viendrait?

BALDA.

Il m'a dit dans l'après-midi.

(Entre Angélina.)

SCÈNE VI

BALDA, LE COMTE, ANGÉLINA

LE COMTE, l'embrassant au front.

Ah! chère enfant! on ne dirait jamais que vous avez été près d'un mois malade.

ANGÉLINA.

Oui, vous voyez, monsieur, je renais, je revis, je vais, je cours.

LE COMTE.

Et vous allez rendre la vie à cette maison, dont vous êtes la fête et la joie!

BALDA.

Oh! si vous commencez déjà à la gâter, mon ami!..

LE COMTE.

La gâter! eh! c'est mon devoir. C'est aussi le vôtre, je pense, et vous n'y manquez pas, j'espère!

BALDA.

Bon! elle le sait bien assez, qu'elle est aimée!

LE COMTE.

Ah ! j'allais oublier ; ces papiers d'Angélina, que vous
m'aviez chargé de demander ; le consulat du Brésil me
les a fait remettre ce matin. Les voici. (Il lui remet des papiers.)

BALDA.

Merci ! — Oui, c'est ça : son acte de naissance, les actes
de décès de ses parents. Triste état civil, la pauvre orpheline !

LE COMTE, embrassant Angélina.

Angélina, si cette tante dénaturée vous aime d'une
amitié si tiède, prévenez-moi, je vous adopte à sa place.
(Il dit adieu de la main et sort.)

SCÈNE VII

BALDA, ANGÉLINA

BALDA, se retournant vivement vers Angélina et lui prenant
les deux mains.

Non, tu n'es pas tièdement aimée ; tu es l'adoration de
ma vie ! Non, tu n'es pas orpheline ; tu as ta mère ! Non,
tu n'es pas ma nièce ; tu es ma fille !

ANGÉLINA.

Plus bas ! si on t'entendait !

BALDA.

Ah ! laisse ! c'est assez dissimuler, assez souffrir ! Quel
supplice ! il n'y a plus en moi qu'un seul sentiment qui
soit sincère, et ce sentiment unique, qui emplit ma vie,
qui déborde de mon cœur, il faut qu'à toute heure et de-

vant tous je le refoule et le cache et le fasse banal et petit ! Ah ! je meurs, si on ne veut pas que de temps en temps je respire, et que je te dise : Mon enfant ! et que je t'entende me dire...

ANGÉLINA, l'embrassant.

Maman, je t'aime ! — Mais calme-toi ! calme-toi !

BALDA.

Oui, tout de suite, tiens, je fais ce que tu veux ; me voilà raisonnable. — Toi aussi, pauvre petite, je te condamne à ce mensonge abominable : faire semblant de n'être pas ma fille !

ANGÉLINA.

Est-ce que nous nous en aimons moins ? au contraire !

BALDA.

Ah ! c'est bien afin que tu m'aimes que j'ai bravé ce remords. Ma sœur et son mari, qui étaient sans enfants, avaient réussi, dans leur sierra écartée, à te faire inscrire comme leur fille légitime. Pourquoi les ai-je priés, suppliés de te révéler, dès que tu aurais l'âge de raison, que j'étais ta vraie mère ? C'était mal ! mon devoir aurait été de te le taire à jamais. Pardonne-moi mon égoïsme : je n'ai pas pu me résigner à perdre une parcelle de ton amour.

ANGÉLINA.

Ah ! tu as bien fait !

BALDA, lui passant la main sur le front.

Enfin, ce mensonge, c'est, Dieu merci, la seule chose en toi qui ne soit pas pureté, sérénité, candeur.

ANGÉLINA.

Eh ! si je vaux quelque chose, à qui le dois-je ? Qui est-ce qui me dit toujours : Sois bonne, sois loyale, sois compatissante à ceux qui souffrent, sois dévouée à ceux que tu aimes ! Qui est-ce qui m'a encouragée, par exemple, à aimer de tout mon cœur ma chère Lucie ? — Et pourtant, c'est singulier, je crois, je sens que toi, tu ne l'aimes pas Lucie.

BALDA.

Encore une fois, je n'aime que toi au monde !

ANGÉLINA.

Cependant, pour sûr, tu ne la hais pas ? tu ne lui veux pas de mal ?

BALDA.

Que me font le bien, le mal des autres ?

ANGÉLINA.

Ne dis pas ça ! Voyons, pour mieux m'aimer, tu me veux parfaite ; moi de même, je...

BALDA.

Tais-toi ! est-ce que c'est la même chose ? Est-ce qu'il y a une comparaison possible entre toi et moi ? A ton âge, mon enfant, on peut être sincère parce qu'on n'a rien à cacher, et on doit être bonne parce qu'on n'a pas eu à souffrir. Tandis que moi, vois-tu, il y a dans ma vie de terribles douleurs et des secrets terribles.

ANGÉLINA.

Oui! tu es mystérieuse même pour moi, tu te caches même de moi, tu t'enfermes même contre moi. Dans cette pièce-ci par exemple. Tiens, voilà ce meuble (elle désigne le meuble portugais), je n'en ai jamais vu la clef ; tu ne l'as jamais ouvert devant moi. — Chère mère, les peines qui ont autrefois blessé ton cœur, pourquoi ne me les as-tu pas confiées ?

BALDA.

Tu n'étais pas assez forte pour les porter ; tu étais trop jeune pour les comprendre. Et cependant, oui, il devient peut-être nécessaire aujourd'hui que tu les connaisses. Tu m'aimerais mieux en me plaignant. (Amèrement.) Et je crois que tu ne me demanderais plus d'être bonne, si tu savais ce que j'ai souffert.

ANGÉLINA.

Pourquoi ne le serais-tu plus, puisque je t'aime ?

BALDA.

Parce qu'on a été pour moi méchant, cruel, implacable.

ANGÉLINA.

Tu n'en seras que meilleure si tu pardonnes.

BALDA.

Pardonner ce qu'on m'a fait à moi, soit ' mais ce qu'on a fait à ce que j'aimais, à ce que tu dois aimer, toi aussi !..

ANGÉLINA.

A qui donc ?

BALDA.

A ton père.

ANGÉLINA.

A mon père ! — Oh! mon père... tu m'as dit de lui si peu de chose !

BALDA.

Je t'ai dit seulement ce qu'il était...

ANGÉLINA.

Oui ; et que tu l'as perdu avant que je sois née.

BALDA.

Mais je ne t'ai pas dit comment je l'ai perdu, comment il m'a été arraché en plein bonheur ! — Oh ! c'était l'être le meilleur, le plus doux, et en même temps le plus fier, le plus brave. Vingt ans, un noble et charmant visage. Une intelligence supérieure. Instruit en tout ; c'est lui qui soignait tous nos malades ; il connaissait de tradition, par sa mère, toutes sortes de secrets pour guérir — et aussi pour tuer. Une activité toujours prête ; il gérait seul les biens de ma tante, la veuve créole, indolente et incapable, qui m'avait recueillie et élevée. Il était respecté, redouté et adoré de tous les travailleurs de la plantation, libres et esclaves. Comment ne l'aurais-je pas aimé ? Que lui manquait-il ? Il avait tous les dons, tous ! — Seulement, je te l'ai dit, il avait quelques gouttes de sang mêlé dans les veines. Il était ce que là-bas ils appellent un homme de couleur.

ANGÉLINA.

Et ce qu'ils méprisent, ce qu'ils foulent sans pitié.

BALDA.

Ce qu'ils tuent sans scrupule !

ANGÉLINA, avec effroi.

Ce qu'ils tuent ?...

BALDA.

Oh ! ce jour fatal est sans cesse présent à ma pensée ! Ce devait être la veille de notre départ. Nous avions tout préparé pour fuir, nous échapper, passer en France. Là, nous pouvions nous marier. Là, Moralès, avec ses grandes capacités, nous faisait vite une fortune. Mais on nous avait dénoncés. Le matin, entre chez moi la créole, accompagnée de quatre ou cinq nègres vigoureux. Moralès est saisi, garotté ! Il n'essaie même pas de résister, à quoi bon ? Il me jette seulement un de ces regards où tient toute l'âme, avec ce cri : Notre enfant !

ANGÉLINA.

Pauvre père !

BALDA.

Moi, je me traînais aux pieds de ma tante, pleurant, criant, implorant grâce... Tout à coup, un bruit effrayant, horrible. Je me retourne.—Ah !... Moralès ! là, sous mes yeux, un lacet au cou ! Il se débat, il râle, il meurt !.. Sous mes yeux ! Je le vois, je le vois encore ! je le verrai toujours !

ANGÉLINA.

Pauvre mère !

BALDA, se redressant.

Ah ! devant son corps palpitant, sais-tu alors ce que, toute frémissante d'horreur, j'ai conçu, j'ai résolu ? Tu crois peut-être que je me suis dit : Il faut que je me venge et que je le venge ? Hé ! non ! tuer cette stupide et atroce créature qui me le tuait ? inutile ! — J'ai pensé : il y a quelque chose de plus terrible et de plus grand dans la justice à vouloir et à exécuter, puisqu'il me laisse son enfant, puisque je sens déjà tressaillir en moi sa vie continuée. Je veux et j'entends que la destinée de cet enfant soit la revanche de la sienne. — Et ce serment, quand tu es née, je te l'ai renouvelé à toi, mon Angélina, et je t'ai dit : Va, fille du supplicié, je te donnerai fortune, titres, honneurs, un grand nom, un époux illustre ! je ferai de toi, fille de l'esclave, une des reines de leur monde !

ANGÉLINA.

Oh ! mais sans qu'il y ait jamais, n'est-ce pas, dommage ou douleur pour personne ?

BALDA.

Ah ! quant aux moyens... ma foi ! je suis l'exemple de la vieille créole, j'imite sa belle indifférence. Pas méchante au fond, la pauvre femme ! Elle avait assassiné ton père... mon Dieu, par nonchalance de climat, pour abréger ; et par respect humain : un mulâtre n'est pas un homme ! Eh bien, mais, au fait, c'est un système comme un autre ! est-ce qu'en effet ça compte tant que ça la vie humaine ? Seulement, ces larges principes, ils sont bons pour tout le monde ; pourquoi donc les limiter aux noirs ? pourquoi ne pas les étendre aux blancs eux-mêmes ?

ANGÉLINA.

Tu me fais peur !

BALDA.

Oh ! sois tranquille ! tu sais bien que les blancs sont protégés par des lois humaines et douces, qui proscrivent le meurtre et interdisent la violence. Cependant leur civilisation a bien encore ses barbaries. Je laisse leurs guerres étrangères ou civiles, mais leur paix a aussi ses haines. Ils ont leurs préjugés, ce qu'ils nomment leurs points d'honneur. Quand ils sont offensés ou irrités, ils ont le duel. Quand ils sont déshonorés ou désespérés, ils ont le suicide ! Ils se battent entre eux, ils se tuent eux-mêmes. On n'a pas du tout besoin de faire directement le mal ! Moi, je laisse faire. J'attends.

ANGÉLINA.

Mais tu ne te mettrais certainement jamais avec les méchants ?

BALDA, *poursuivant sa pensée.*

J'ai deux forces qui me font supérieure et invincible !
L'une, je la garde en réserve, — tiens, là, dans ce meuble
que tu montrais tout à l'heure. Il est bon, toutes les fois
qu'on engage une partie, d'avoir d'avance sous la main
son enjeu; le mien est là, tout prêt. J'ai là de quoi gagner
pour toi, et, pour moi, de quoi payer.

ANGÉLINA, *à part, avec anxiété.*

Mon Dieu ! que veut-elle dire ?

BALDA.

Mon autre force, elle est dans mon cœur : c'est le sentiment profond de mon désintéressement absolu. Je ne
veux rien, je ne fais rien pour moi. Tout pour toi, mon
enfant, pour toi seule ! J'ai à jamais renoncé pour mon
compte à être heureuse, et je ne tiens pas à être bonne.
Tu seras bonne et tu seras heureuse à ma place.

ANGÉLINA.

Je t'écoute, et, sans bien comprendre, je sens dans ce
que tu dis des choses terribles. Enfin, voilà Lucie et Lucien : est-ce que par hasard, grand Dieu ! dans ta pensée,
ils ne seraient pas placés entre moi et ce que tu appelles
ma fortune ? Eh bien, écoute ! je n'ai pas pour eux
l'ombre de l'envie.

BALDA.

Tu fais bien !

ANGÉLINA.

Je les aime tous deux; je les aime de tout mon cœur !

BALDA.

Tu as raison !

ANGÉLINA.

S'il le fallait, je me sacrifierais pour eux avec joie !

BALDA.

Je t'approuve ! — Puisque je te dis que tu dois être ma
vertu, que tu dois être mon bonheur ! Ton abnégation,
ta bonté, je les loue, je les veux, je les aime. Eh ! elles
justifient par avance tout ce que je peux faire pour toi !
j'ai raison, certes, de vouloir te conquérir à tout prix la
richesse et le rang : tu les mérites !

SCÈNE VIII

BALDA, ANGÉLINA, MAUGIRON

BAPTISTE ouvre, et annonce.

M. de Maugiron !

(Il sort. Entre Maugiron.)

ANGÉLINA, à part.

Cet homme encore !

MAUGIRON, à Balda.

Je quitte M. de Sergy, et je n'ai pas voulu partir, madame, sans vous présenter mes respects.

BALDA, vite et à voix basse.

Eh bien ?

MAUGIRON, bas.

Eh bien, grâce à vous, j'ai été écouté et je n'ai pas été
repoussé.

BALDA.

Deux grands pas !

MAUGIRON.

Il était temps. L'ami de Lucien est là.

BALDA.

Vous l'avez vu ?

MAUGIRON.

Non ; mais, tenez, les voici, je pense.

BALDA, à Angélina.

Tiens-toi auprès de moi, chère enfant.

SCÈNE IX

LES MÊMES, LE COMTE, ROBERT, LUCIEN, LUCIE

LE COMTE, présentant Robert à Balda.

Madame, — M. le docteur Robert.

BALDA, tressaillant, à elle-même.

Dieu !

ROBERT, regardant Balda avec étonnement.

Mon nom et ma vue paraissent surprendre Mme de Sergy ?

LE COMTE, à Balda.

M. le docteur Robert est cet ami que nous avait annoncé Lucien... (à Robert). Mais ne soyez pas étonné,
docteur, de la surprise de la comtesse. Je vous avoue
que j'ai eu aussi à réprimer tout à l'heure un mouvement pareil en vous voyant pour la première fois. Je ne
vous connaissais que de réputation ; vous avez conquis à
la fois, chose rare et peut-être unique, le renom de
grand médecin et celui de grand chirurgien ; je m'ima-

ginais que vous étiez beaucoup plus âgé, et j'ai tout d'abord été stupéfait de trouver en vous un homme aussi jeune.

BALDA.

Voilà en effet, monsieur, la cause de mon étonnement. (Aux premiers mots de Balda, Robert a fait un mouvement de surprise).

LE COMTE, riant.

Eh bien ! à votre tour, qu'avez-vous, docteur ?...

ROBERT.

Oh ! pardon ! — Mais veuillez me permettre de vous demander, madame la comtesse... est-ce que ce n'est pas la première fois que j'ai l'honneur de vous voir ?

BALDA.

Oui, monsieur, la première fois.

ROBERT.

C'est bien aussi ce qu'il me semblait. Mais, c'est singulier, en entendant le son de votre voix, je me suis figuré, je me figure encore, que je l'ai déjà entendue.

BALDA, le regardant fixement.

Oh ! vous vous trompez, monsieur. Je ne suis à Paris que depuis quatre ans ; je suis fort peu sortie de cette maison, et je ne vous ai certainement jamais rencontré.

ROBERT.

Excusez donc ma méprise, madame ! (Balda s'assied et l'invite du geste à s'asseoir.)

LUCIEN.

Il faut ajouter, mon ami, que dans ces quatre années, tu en as passé une en Amérique.

LE COMTE.

Mais, à ce compte, docteur, votre réputation?...

ROBERT.

Est seulement, comme vous voyez, monsieur le comte, vieille, ou jeune, de trois ans. Paris se plaît à faire de ces célébrités rapides! Ma réputation comme médecin date précisément de mon séjour en Amérique, où j'ai beaucoup étudié et cherché parmi les Indiens et les Noirs, ce qu'on appelle des poisons, ce que j'appelle moi, des remèdes. Quant à mon renom comme chirurgien, je le dois au succès de l'opération du duc de Valderey, déclarée par tous impraticable. L'illustre chirurgien qui était mon maître, cloué dans son lit par le mal dont il est mort, la croyait seul possible. Désigné, conseillé par lui, j'ai eu l'audace de la tenter et le bonheur de la réussir. De là ma clientèle et ma fortune.

LE COMTE.

Dans cette clientèle, docteur, — la mémoire m'en revient, est-ce que vous n'avez pas l'oncle maternel de mes enfants, M. le comte d'Arnaud?

ROBERT.

C'est vrai, monsieur, je suis le médecin du comte et de la comtesse.

LE COMTE.

Mais alors vous avez dû connaître chez eux ma fille Lucie, qui va à Saint-Germain toutes les semaines?

ROBERT.

J'ai eu en effet, depuis quelques mois, l'honneur de voir assez souvent à l'hôtel d'Arnaud Mˡˡᵉ de Sergy, auprès de qui j'étais déjà recommandé par l'amitié de son frère.

BALDA.

Et toi aussi, Angélina, tu as dû voir à Saint-Germain M. le docteur Robert?

ROBERT, à part.

Où ai-je entendu cette voix?

ANGÉLINA.

Oui, ma tante.

ROBERT.

Mˡˡᵉ Angélina veut bien me permettre de l'appeler ma petite amie?

LE COMTE, à Robert.

Je vois que vous étiez par anticipation, monsieur, de notre intimité. Je veux vous présenter la seule personne qui vous semble inconnue ici, M. de Maugiron, un de nos bons amis.

ROBERT s'incline légèrement devant Maugiron, qui lui rend son salut avec froideur.

Pardonnez-moi, monsieur le comte, je connais très-bien M. de Maugiron, par une amie à lui, à qui je donne des soins depuis un mois, à la place d'un confrère absent. Je parle, monsieur, de Mᵐᵉ d'Arsac.

MAUGIRON.

Ah! c'est vous, monsieur, ce médecin intérimaire, dont elle me paraît se louer fort? A merveille!

BALDA, à Robert qui se lève.

Monsieur le docteur Robert, je suis chez moi tous les

4

jeudis soir, pour nos amis. Bon nombre d'entre eux sont les vôtres, et j'espère que vous voudrez bien vous joindre à eux désormais.

ROBERT.

Je remercie madame la comtesse. J'aurai l'honneur de me rendre à sa gracieuse invitation.

MAUGIRON, bas à Balda, la saluant.

Il me déplaît terriblement, ce jeune grand homme !

BALDA, de même.

Et à moi donc ! (Robert et Maugiron sortent, reconduits de quelques pas par le comte.)

SCÈNE X

LE COMTE, BALDA, ANGÉLINA, LUCIEN, LUCIE

LE COMTE, à Lucien.

Vous saviez sans doute, vous, Lucien, que votre sœur avait ces fréquentes occasions de voir M. le docteur Robert ?

LUCIEN.

Oui, mon père ; et je parlais à Lucie, dans presque toutes mes lettres, de cet admirable ami.

LE COMTE.

Ah ! fort bien ! (A Balda) Je prends à mon tour congé de vous, jusqu'au dîner, chère amie. (Il lui baise la main. Lucie lui présente son front. D'un ton enjoué) A tantôt, mademoiselle !

LUCIE, souriant avec inquiétude.

Mademoiselle ?...

LE COMTE.

Eh ! qui sait si j'ai longtemps à vous donner ce nom On vient de me demander votre main, il n'y a pas une heure.

LUCIEN, ému.

Puis-je vous demander qui, mon père ?

LE COMTE.

Parfaitement ! C'est M. de Maugiron, qui sort d'ici.

LUCIEN.

Monsieur de Maugiron ! Vous avez répondu non, n'est-ce pas ?

LE COMTE.

Je n'ai répondu ni non ni oui.

LUCIEN.

Mais cette demande ne peut être prise au sérieux ! Vous savez, mon père, tout ce qu'on dit de M. de Maugiron ?

LE COMTE.

Oh ! c'est le sort de tout ce qui est un peu en vue ! On dit de moi tout autant de mal peut-être. Et je pense, mon fils, que vous n'en respectez pas moins votre père ! (Il sort).

LUCIE, tombant sur une chaise.

Ah ! c'est un coup épouvantable !

LUCIEN, lui prenant la main.

Ne crains rien, sœur !

ANGÉLINA, bas à Balda.

Est-ce que c'est toi qui fais cela ?

BALDA.

Je laisse faire !

ACTE II

Même salon. Le soir. Les bougies allumées

SCÈNE PREMIÈRE

BALDA, MAUGIRON, entrant par la gauche, puis ANGÉLINA

MAUGIRON.

Impossible de se dire un mot au milieu de tout ce monde ; de grâce, accordez-moi ici une minute.

BALDA.

Vous semblez bien ému !

MAUGIRON

Je suis plus qu'ému, je suis irrité.

BALDA.

Eh ! bon Dieu ! contre qui ?

MAUGIRON.

Contre ce docteur Robert ! Avez-vous vu ? il n'a presque pas quitté Mlle de Sergy de toute la soirée.

BALDA.

Il y a toujours eu avec eux trois ou quatre personnes, Angélina, Lucien...

4.

MAUGIRON.

J'ai eu l'honneur de présenter à Mlle de Sergy, mon
ami, le vicomte du Plessy, le neveu du ministre. Elle a
daigné à peine nous adresser quelques mots plus que
froids : M. Robert la regardait !

BALDA.

Vous n'êtes pas accepté encore ; et si vous n'avez pas
d'autre grief...

MAUGIRON.

Attendez ! ce n'est pas seulement ici que ce docteur se
met en travers de mon chemin. A vous, chère madame,
je peux et je dois tout dire. Vous l'avez entendu l'autre
jour parler de Mme d'Arsac. L'a-t-il avertie ? l'a-t-il con-
seillée ? Le fait est qu'aujourd'hui Mme d'Arsac a brusquement et nettement rompu avec moi, et qu'elle est partie
à sept heures pour son château de Mantes.

BALDA.

Tant mieux ! c'est elle qui vous quitte. Si vous épousez
Lucie, elle n'aura pas de raisons de se venger de vous.

MAUGIRON.

Quoiqu'on en ait dit, je n'ai rien à redouter d'elle ; et
je n'ai pas besoin d'ajouter qu'une femme n'a rien à
redouter de moi. (Entre Angélina, inquiète. Elle fait quelques pas
au fond.) Mais, vis-à-vis des hommes, le ciel ne m'a pas
départi la même dose de patience ; et je commence à
trouver que ce médecin des dames...

BALDA, apercevant Angélina.

Prenez garde ! — Tu veux quelque chose, Angélina ?

ANGÉLINA.

C'est pour ces billets de la loterie des Orphelins. Je voudrais remettre mes deux louis.

BALDA, lui tend un petit porte-monnaie d'ivoire.

Tiens.

ANGÉLINA

Merci ! (Elle sort.)

BALDA.

Abrégeons; où voulez-vous en venir ?

MAUGIRON.

Je vous disais, l'autre jour, que je m'arrangeais dans toutes mes affaires pour être provoqué, afin d'avoir le choix de l'arme...

BALDA.

Et votre ennemi vous exaspère, mais il ne vous provoquera pas ?

MAUGIRON.

Eh bien ! il m'exaspère au point que, cette fois, je meurs d'envie de le provoquer, moi. En me battant à l'épée, je donnerais un démenti aux calomnies qui prétendent que je ne suis brave que sans risque. Ce qui n'est pas, je vous assure. Je suis né joueur, et je joue toujours volontiers, même ma vie. Toute la question maintenant est de savoir...

BALDA.

S'il serait bien opportun et bien habile de provoquer le docteur Robert ? Est-ce là-dessus, par hasard, que vous me demandez conseil ?

MAUGIRON.

Non ! mais là même où je ne peux vous consulter, je

dois au moins vous avertir. Non, je ne vous demande nullement de me conseiller un duel avec le docteur Robert. Si seulement vous ne me le déconseillez pas...

BALDA, riant.

Miséricorde ! avec vous, on ne peut alors ni parler ni se taire ! — Rentrons, je ne puis rester plus longtemps absente de mes hôtes.

MAUGIRON.

Mais, enfin, ce malencontreux docteur ?...

BALDA.

Eh ! je le vois aujourd'hui pour la seconde fois. Êtes-vous sûr seulement qu'il prétende à la main de Lucie ? Il faudrait un peu mieux le connaître. Qu'est-ce qu'il est ? qu'est-ce qu'il veut ?.. (A part.) Qu'est-ce qu'il sait surtout ?

MAUGIRON.

Mais le temps presse, c'est votre dernier jeudi ; vous partez demain pour la campagne. Si vous vous mettiez en tête de confesser notre homme...

BALDA.

Eh bien, il faudra voir... Rentrons, rentrons. (Ils sortent par la gauche. Angélina est entrée depuis un instant par la porte du pan coupé de droite.)

SCÈNE II

ANGÉLINA, JULIE.

ANGÉLINA, à elle-même, les suivant des yeux.

Mon Dieu ! qu'est-ce qu'ils ont donc toujours à comploter ensemble ? (Elle va à la porte du premier plan, l'ouvre, et

appelle) Julie ! (Entre Julie.) Vous ne m'avez pas remis
cette clef de mon coffret d'ébène ?

JULIE.

Mademoiselle, le serrurier ne l'a apportée que pendant
le dîner. Il a dit que c'était un travail très-délicat. La
voilà, avec le modèle. (Elle lui remet deux petites clefs d'acier.)

ANGÉLINA.

Merci ! — Maintenant que j'en ai deux, je pourrai tant
qu'il me plaira en égarer une. Vous avez bien recommandé au serrurier de ne rien dire à ma tante ? elle me
gronderait de mon étourderie.

JULIE.

Oh ! soyez sans crainte.

ANGÉLINA.

Je vous remercie, Julie. (Sort Julie. Angélina, seule, tire de sa
poche le porte-monnaie de Balda, y prend une petite clef, et y substitue
une des deux qu'elle tient.) Les deux clefs sont toutes pareilles,
et, le porte-monnaie rendu, ce sera comme s'il n'y avait
pas eu de substitution. — Détourner des clefs, épier aux
portes, écouter sans qu'on m'entende, regarder sans
qu'on me voie, tout ce que je fais là n'est pas bien ;
mais je le fais pour le bien. J'ai promis à Lucie que je
veillerais sur elle. Et je veux veiller en même temps
sur celle qui me fait trembler pour Lucie, et trembler
aussi pour elle-même. — Que cache-t-elle dans ce
meuble mystérieux ? A présent je le saurai quand je vou-
drai. (Rêvant.) Oui, j'ouvrirai le meuble, mais comment
pénétrer sa pensée ?

SCÈNE III

ANGÉLINA, LUCIE, puis ROBERT et LUCIEN

LUCIE, entrant.

Angélina ! — Je te cherchais. Robert et Lucien me
suivent ; reste auprès de nous comme d'habitude.

ROBERT, qui entre avec Lucien sur ces derniers mots.

Tu entends, Lucien ? Ç'a toujours été, c'est vrai,
notre habitude, à Mlle Lucie et à moi, d'avoir en tiers
dans nos entretiens la petite sœur que voilà. Elle était là
quand nos cœurs se sont accordés, elle était là quand
nos mains se sont réunies. Tu vois quel a été le carac-
tère pur et grave de notre amour. Nous nous sommes
aimés par-devant cette innocence. Quelle qu'ait été en
moi la passion, elle se faisait calme sous ce calme regard.
Nous avons ainsi passé ensemble des heures très-douces,
et je t'assure que c'était quelque chose de charmant que
nos tête-à-tête à trois.

LUCIE.

C'était charmant ! M. Robert nous disait ses idées sur
tout, je veux dire, sur tout ce qui est beau, sur tout ce
qui est grand, sur tout ce qui est bon ; avec quelle élé-
vation et quelle délicatesse ! Et c'est ainsi seulement,
Lucien, qu'il me faisait entendre de quelle façon il
m'aimait.

ANGÉLINA.

Et moi, je jetais à travers tout ça mes questions, mes
malices, mon rire de gamine ; et Lucie me grondait, et
le docteur me défendait. Il savait que je comprenais bien

aussi les jolies choses qu'il disait, et qu'elles entraient tout de même dans mon oreille d'étourdie (à Robert). Étourdie, oui, je l'étais, n'est-ce pas, comme une petite alouette. — Mais, il ne faut pas non plus médire de l'alouette ; on dit qu'elle prévient du danger ceux qui s'aiment.

LUCIEN.

Chers amis ! vous êtes bien les cœurs les plus généreux et les plus rares ! Mais vous n'en êtes plus à ces heures paisibles ; il faut maintenant agir et lutter. Ce n'était déjà pas facile de demander pour Robert, à mon père, la main de Lucie ; il faut aujourd'hui écarter, combattre et vaincre ce Maugiron.

ANGÉLINA.

Oui, et il est bien dangereux, cet homme-là ! Tu sais, Lucie, quand on lui fait obstacle, il tue.

LUCIE.

Ah ! Lucien !... Et vous, mon ami ! prenez garde !

ROBERT, souriant.

Hé ! rassurez-vous donc ! On ne tue pas si aisément les gens aujourd'hui ! et je ne me laisserais pas faire !

LUCIEN, souriant.

D'abord, il faudrait en tuer deux, cette fois !

ROBERT.

Ne te laisse jamais aller, cher Lucien, à accepter l'insulte et l'arme de M. de Maugiron ; avec lui tout est là. A l'épée on peut toujours se défendre. Et puis, si cet homme dépassait la mesure, quelqu'un me fournirait des moyens de défendre contre lui ceux que j'aime. Ce qui m'inquiète, — pas pour moi, bien entendu, — ce n'est pas cet ennemi que je connais, et que je peux combattre en face ; — c'est l'ennemi obscur, insaisissable qui échappe et se dérobe.

LUCIEN.

Quel ennemi ? Tu nous as fait des questions sur ma mère, sur les circonstances de sa mort. Que crois-tu ? Que crains-tu ?...

ANGÉLINA, vivement.

Et je vous dis, moi, que vous n'avez à vous occuper que de l'ennemi présent et visible. Pour ce qui est des autres... (Entre Balda.)

BALDA.

Ma chère Lucie, voilà Mme de Solange qui part ; et sa fille voudrait vous dire adieu.

LUCIE.

Oh ! j'y vais. Viens-tu, Angélina ?

ANGÉLINA, à Balda.

Tu ne rentres pas, toi ?

BALDA.

Non ; si M. le docteur Robert le veut bien, j'aurais deux mots à lui dire. (Robert s'incline.)

LUCIEN, à Robert.

Tu me retrouveras au fumoir. (Il sort par la gauche, avec Lucie et Angélina.)

ROBERT, à lui-même.

Est-ce que l'ennemi cesserait de se dérober ?

SCÈNE IV

BALDA, ROBERT

BALDA, à elle-même.

Voyons ce qu'il peut savoir (haut). Éclaircissons donc, monsieur, je vous prie, je ne sais quelle équivoque entre nous. Pour la seconde fois, nous avons échangé, ce soir, quelques mots, et, pour la seconde fois, vous avez paru écouter plutôt le son de ma voix que les choses quelconques que je disais. Tenez, en ce moment encore, vous avez l'air de prêter l'oreille beaucoup plus à l'intonation qu'au sens de mes paroles.

ROBERT.

C'est un peu vrai, j'en conviens, madame.

BALDA.

Et, comme l'autre jour, vous croyez reconnaître ma voix ?

ROBERT.

C'est inouï à quel point ! Cette voix déjà entendue, avait, madame, un accent particulier, un timbre pénétrant qui m'avait précédemment frappé, et qui de nouveau me frappe à mesure que je la retrouve en vous écoutant.

BALDA.

Alors, malgré mon affirmation, vous vous figurez toujours m'avoir déjà rencontrée ?

ROBERT.

Je ne peux, par moments, m'empêcher de me l'imaginer, en effet.

5

BALDA.

Et vous continuez à chercher où vous pouvez m'avoir entendue?

ROBERT.

Oui ; et, pourtant, je crois être à présent sur la trace.

BALDA.

Ah?... — Monsieur, excusez-moi, je suis restée un peu une sauvage, et j'ai gardé des hardiesses qui ne cadrent peut-être pas tout à fait avec les convenances mondaines ; quand sur mon chemin quelque chose dans l'ombre me paraît trouble ou alarmant, j'y marche tout droit, et je me rends compte sur-le-champ de ce que c'est. Je crois comprendre que la personne dont la voix ressemble à la mienne, se serait présentée à vous dans des circonstances... fâcheuses pour elle.

ROBERT.

Non pas précisément; mais dans des circonstances qui peuvent donner lieu à des rapprochements singuliers.

BALDA.

Eh bien! monsieur, je vous prie de préciser quelles étaient ces circonstances.

ROBERT.

Madame!...

BALDA.

Vous hésitez? Souffrez que j'insiste. Vous avez reconnu ma voix, mais vous n'avez pas reconnu ma figure. C'est donc que vous n'avez vu la personne que dans l'obscurité, ou, que sais-je? au bal masqué?

ROBERT.

Non, madame ; seulement une voilette épaisse couvrait

entièrement son visage; impossible de distinguer un seul trait.

BALDA.

Je comprends. Il n'y a pas longtemps de cela?

ROBERT.

Ce devait être dans l'automne de 1865; il y a environ dix-huit mois.

BALDA.

Et où était-ce?

ROBERT.

Madame!... vous vous engagez, il me semble, dans un véritable interrogatoire, et je me demande à quoi aboutirait cette espèce d'enquête.

BALDA.

Eh! mais à nous éclairer l'un l'autre.

ROBERT.

L'un l'autre?... Quand j'aurai répondu à vos questions, madame, est-ce qu'à votre tour vous auriez la bonté de répondre aux miennes?

BALDA.

Aux vôtres? (Après un instant d'hésitation.) Sans doute, monsieur, si vous avez à en faire.

ROBERT.

Vous le voulez? soit! Voyons si nous ferons ensemble la lumière. (Ils s'asseyent.) Ce n'est, madame, ni dans le monde, ni dans un lieu public, que j'ai vu et entendu la personne dont votre voix me rappelle la voix; c'est chez moi, dans mon cabinet, à une des consultations gratuites que je donne trois fois par semaine.

BALDA, qui l'écoute, le menton dans la main, attentive, impassible.

Ah! la personne voilée venait vous demander une simple consultation?

ROBERT.

Elle venait me faire une simple question; et ce n'était pas sur elle, c'était sur sa mère, gravement malade depuis près d'un an, me dit-elle. Son médecin habituel était absent, et il s'agissait de savoir si elle était en état de supporter un coup affreux, une douleur terrible. Alors cette femme, avec une précision et une netteté qu'eût enviées un vieux praticien, me décrivit les symptômes et les caractères de la maladie, qui était un anévrisme ou une hypertrophie du cœur. Elle termina en me disant qu'elle avait reçu, le matin même, d'outre-mer, une lettre qui lui apprenait la mort de son frère. Il y avait un grave intérêt pécuniaire à faire connaître à sa mère la funeste nouvelle; mais pourrait-on le risquer sans danger, sans danger de mort? C'est ce qu'on tenait absolument à savoir. Je ne me rappelle pas les termes de ma réponse, mais elle fut catégorique. Dans l'état où se trouvait la malade, une si forte émotion devait infailliblement la tuer; lui annoncer brusquement la mort de son fils serait un véritable assassinat. La dame voilée déclara qu'elle n'hésitait plus et qu'à tout prix elle allait tenir secrète à sa mère la nouvelle de mort. Puis elle se retira en me remerciant.

BALDA.

Est-ce tout, monsieur?

ROBERT.

C'est tout, madame. Je vous ai dit tout ce que je sais. (Il se lève. Balda va pour se lever; il l'arrête du geste.) Maintenant, voulez-vous bien, selon votre promesse, me répondre à votre tour sur ce que vous savez?

BALDA, avec indifférence.

Questionnez.

ROBERT.

Vous habitiez cet hôtel, madame, lors de la mort de Mme la comtesse de Sergy?

BALDA.

Depuis deux ans.

ROBERT.

De quelle maladie est-elle morte, je vous prie?

BALDA.

De la rupture d'un anévrisme.

ROBERT.

Vous rappelez-vous la date exacte de sa mort?

BALDA.

C'était le 16 novembre 1865.

ROBERT.

Est-ce qu'elle n'attendait pas son fils d'Amérique?

BALDA.

Une lettre lui avait annoncé, le matin même, qu'il était en route pour revenir.

ROBERT.

Quelle est la personne qui lui a parlé la dernière?

BALDA.

Sa fille.

ROBERT.

Est-ce que sa fille l'avait quittée mourante?

BALDA.

Souffrante seulement.

ROBERT.

Et, sa fille partie, Mme de Sergy est restée seule?

BALDA.

Seule.

ROBERT, se rassied, et regardant fixement Balda.

Vous étiez dans l'hôtel pourtant?

BALDA, fait un mouvement, mais se raffermit aussitôt.

J'étais dans ma chambre.

ROBERT.

C'est dans ce même appartement qu'elle est morte, n'est-ce pas?

BALDA.

L'ameublement est changé, mais l'appartement est le même.

ROBERT.

C'est dans cette pièce où nous sommes, peut-être?

BALDA.

C'est à cette place où je vous parle. (Après un silence.) Est-ce tout, monsieur? Ai-je bien répondu à toutes vos questions?

ROBERT, se lève.

Admirablement bien!

BALDA.

Et maintenant que concluez-vous?

ROBERT.

Mais rien, madame, sinon qu'il y a quelquefois, comme je vous le disais tout à l'heure, des coïncidences étranges.

BALDA.

Je ne vois pas...

ROBERT.

Oh! en effet; il est bien certain d'abord qu'il y a des ressemblances de voix, tout comme il y a des ressemblances de visage.

BALDA.

Il ne manque pas non plus de jeunes gens qui voyagent outre-mer.

ROBERT.

Et les cas de maladies de cœur ne sont pas rares à Paris. Aussi vous ferai-je remarquer, madame, que c'est vous qui avez voulu cette sorte de double interrogatoire, et que je n'ai répondu que pour vous satisfaire.

B LDA.

C'est juste, monsieur, et je vous remercie. — Vous ne partez pas encore ?

ROBERT.

Je ne partirai pas, madame, sans avoir l'honneur de vous présenter mes respects.

(Il s'incline et sort.)

BALDA, seule.

Il sait tout ! — ou du moins il a tout deviné ! Ah ! voilà un danger que je n'avais pas prévu ! Il faut y parer, y parer sans retard. C'est du temps et de la force à perdre ; mais il n'y a pas moyen de faire autrement.

SCÈNE V

BALDA. Entrent MAUGIRON, DU PLESSY, CLAIR-VANNES, causant ; puis ANGÉLINA ; puis ROBERT, LUCIEN et MARVEJOLS.

MAUGIRON.

M. le vicomte du Plessy n'a pas voulu partir, madame, sans vous faire ses adieux.

BALDA.

Oh ! ses adieux de ville ! M. du Plessy n'oublie pas
qu'il s'est engagé pour les petites fêtes champêtres que
nous devons arranger à Mandeville. Il m'a même promis
la présence du ministre au bal rustique que nous allons
donner dans une quinzaine.

DU PLESSY.

C'est juré, madame ! fixez le jour, et je vous l'amène.
Je le laisse gouverner l'État comme ministre, mais à la
condition qu'il se laisse gouverner comme oncle.

BALDA.

Notre jour sera le sien. Je vais vous envoyer M. de
Sergy pour le décider avec vous.

(Angélina entre par la gauche et passe lentement au fond, observant.)

MAUGIRON, bas à Balda.

Pardon, madame ! vous avez parlé à M. Robert ?
Laissez-moi vous dire encore...

BALDA, bas.

Mon cher monsieur de Maugiron, vos confidences me
touchent ; mais je ne me mêle que de ce qui me regarde.
Les femmes ne sont pas juges de ce qui touche à l'honneur des hommes. Vous savez ce que vous avez à faire.

MAUGIRON, s'inclinant.

Je le sais, et je vous remercie.

(Sort Balda. Angélina est redescendue à droite et se dirige vers
la porte du premier plan, sans cesser d'écouter et d'observer.)

MAUGIRON, revenant à du Plessy et à Clairvannes.

Mes amis, je vous prie décidément de m'aider pour ce
que je vous disais tout à l'heure.

DU PLESSY.

Pesez bien vos mots. Vous n'avez pas affaire au premier venu. Le pousserez-vous à une provocation sans vous y laisser entraîner vous-même ?

MAUGIRON.

Il vient de ce côté. Nous allons voir.

(Entrent, par la gauche, en causant, Robert, Lucien et Marvejols. — Angélina, arrivée à la porte du premier plan de droite, l'ouvre comme pour entrer, mais reste cachée derrière la portière, d'où elle écoute tout ce qui va suivre.)

DU PLESSY, à Lucien.

Vous arrivez bien, monsieur ! Je parlais du salon de votre père, où j'ai l'honneur de venir ce soir pour la première fois, et où vraiment se rencontre, dans un admirable mélange, l'élite de ce qu'on peut appeler les grands mondes de Paris...

LUCIEN, froidement.

Monsieur le vicomte, très-flatté !...

MAUGIRON.

Et l'éloge est d'autant plus rare que cette élite est loin d'être partout sans alliage. On n'en est plus assurément à la séparation des classes, et certains fils de bourgeois comptent autant que bien des gentilshommes. Mais, il y a toujours les parvenus ! (Regardant fixement Robert.) Et, tenez, on me citait aujourd'hui un de ces intrigants, qui en ce moment essaye de s'introduire dans une des maisons les plus grandes et les plus honorées que nous ayons, et de circonvenir, par des moyens plus ou moins avouables, une de nos plus nobles et de nos plus riches héritières.

LUCIEN, bas à Robert.

Tiens-toi sur tes gardes !

6.

ROBERT.

Sois tranquille !

CLAIRVANNES.

Qu'est-ce que c'est donc que cette histoire, mon cher Maugiron ?

MAUGIRON.

Oh ! vous comprenez que je ne peux laisser même entrevoir quelle est cette famille haut placée dont je parle. Mais il n'y a aucun inconvénient, certes, à désigner le personnage qui a jeté son dévolu sur cette proie, et qu'il est du devoir de tout galant homme de démasquer et de dénoncer en face.

DU PLESSY.

Eh bien ! ce personnage, alors, dites ?...

MAUGIRON, qui arrête sur Robert un regard fixe, direct et provoquant.

Ce personnage s'appelle d'un nom, ou plutôt d'un prénom, plus que bourgeois, vulgaire ; quelque chose comme Durand, Bertrand... Il est le fils d'un pauvre diable de petit employé de mairie d'une bourgade de quatrième ordre. On lui a fait faire ses études par charité ; il a fait, lui, son chemin par intrigue. Mais, par malheur, il l'a fait si scandaleusement rapide, que les mieux intentionnés n'ont pu s'empêcher de tenir pour suspecte la nature des services qu'il a pu rendre à l'homme de valeur qui l'a protégé.

MARVEJOLS.

En vérité, monsieur de Maugiron, un homme tel que vous venez de le dépeindre n'est pas bien dangereux ; et cette grande famille saura bien tenir hors de sa portée la fille et la dot.

MAUGIRON.

Je n'ai pas dit que l'argent fût précisément le but qu'il cherche. De l'argent, il en a...

MARVEJOLS.

C'est déjà quelque chose...

MAUGIRON.

Oui, il fait un de ces métiers lucratifs, vous savez. Supposez qu'il vend des drogues quelconques. Mais l'argent se gagne plus aisément que l'honneur.

ROBERT.

Pardon, monsieur de Maugiron, je n'ai prêté qu'une attention un peu distraite à la sortie que vous êtes en train de faire, et dont je n'ai pas à m'occuper. Ce dont je m'occupe, et ce que je vous demande, c'est pourquoi, en parlant, vous tenez vos yeux attachés sur moi avec cette fixité.

MAUGIRON.

Il se peut que je vous regarde en parlant, monsieur, mais je n'ai pas à vous en donner de raison, et ne vous en donne aucune. Vous seriez-vous reconnu dans mes paroles? Nous sommes ici plusieurs, et pas une des personnes présentes n'a pris pour elle ce que j'ai dit. Vous le prenez pour vous? Comme il vous plaira.

ROBERT.

Je vous répète, monsieur, qu'il n'est pas question de ce que vous avez dit. Vous nous faisiez, je crois, une espèce de portrait, et je ne connais personne qui y ressemble, même de loin. Mais lorsqu'en parlant vous me montrez et me désignez du regard avec cette persistance, j'ai le droit de vous demander, et je vous demande, s'il y aurait, directement ou indirectement, dans vos paroles, une allusion qui me concerne.

MAUGIRON, après avoir pesé ses mots.

Je ne dis pas non.

ROBERT.

Alors, vous dites oui?

MAUGIRON.

Je n'ai pas à vous répondre. J'ai parlé à la troisième personne. Encore une fois, prenez-le comme bon vous semblera. Je ne vous donnerai pas d'autre explication. Ici, du moins. Ailleurs, tant que vous voudrez.

ROBERT.

Vous ne dites pas oui; vous avez parlé à la troisième personne; cela suffit.

MAUGIRON.

Vous vous contentez de ça?

ROBERT.

Parfaitement.

MAUGIRON.

Vous êtes accommodant!

ROBERT.

Je suis indifférent. — Je reconnais, quoique fils de bourgeois, comme vous disiez tout à l'heure, qu'il y a de malhonnêtes gens dans la bourgeoisie. Il y en a même, hélas! dans la noblesse. Ainsi, je vous esquisserai à mon tour, si vous le permettez, le profil d'un gentilhomme authentique, qui est un bien autre misérable que le triste sire que vous nous avez décrit.

MAUGIRON.

Ah! voyons ça.

ROBERT.

Mon homme, à moi est noble, archinoble; ce qui ne l'empêche pas d'être fort besogneux. On a su plus d'une fois qu'il avait des dettes, mais on n'a pas toujours su comment il les avait payées. Un jour cependant, à une table de jeu, un de ses moyens a paru un peu trop évident à son adversaire; mais il a convaincu d'erreur cet adversaire en l'assassinant.

MAUGIRON.

Il l'a assassiné?

ROBERT.

Il l'a assassiné. D'un coup de pistolet. Il a le pistolet comme d'autres ont le couteau. L'argent qui, vous l'avez reconnu, n'entre pour rien dans les visées de votre bourgeois, se mêle dans la vie de mon gentilhomme à peu près à tout, même aux sentiments que l'argent salit le plus.

MAUGIRON.

Avant que vous alliez plus loin, monsieur Robert, je vous somme de nommer celui dont vous parlez.

ROBERT.

Le nommer, monsieur de Maugiron? bon Dieu! et pourquoi? Est-ce que par hasard, vous vous reconnaîtriez, monsieur le marquis? Nous sommes ici plusieurs....

MAUGIRON.

Vous persistez à vouloir garder à vos calomnies le bénéfice de l'anonyme?

ROBERT.

J'ai parlé, comme vous, à la troisième personne.

MAUGIRON.

Vous vous obstinez à ne pas répondre catégoriquement?

ROBERT.

Comme vous.

MAUGIRON.

Eh bien, monsieur le docteur, vous êtes un lâche!

ROBERT.

Ah! monsieur le marquis, nous n'avions parlé jusqu'ici qu'à la troisième personne; mais je crois que vous venez de parler à la seconde.

MAUGIRON.

Et je continue à la première. Je vous tuerai.

ROBERT.

Pas au pistolet toujours.

MAUGIRON.

Oui, vous avez le choix des armes. A quoi pouvez-vous vous battre?

ROBERT.

A l'épée!

MAUGIRON.

M. le vicomte du Plessy me fera l'honneur d'être mon témoin.

LUCIEN.

Mon ami, je serai le tien!

MAUGIRON, à du Plessy.

Le plus tôt possible, n'est-ce pas?

DU PLESSY.

Si l'on veut, demain matin, à neuf heures, dans mon

parc, à Auteuil. (Entre Balda.) Silence! (Allant au devant de Balda.) Il se fait tard, madame, et nous nous retirons.

BALDA.

Oh! il est une heure à peine. (Du Plessy et Clairvannes saluent et sortent)

MAUGIRON, bas à Balda, en la saluant.

C'est fait. J'ai décidément provoqué le docteur Robert. Nous nous battons demain à neuf heures. A l'épée. (haut) Madame... (Il sort.)

BALDA, à Robert, qui cause avec Lucien.

Monsieur le docteur Robert!... Je tiens à vous faire mon invitation moi-même. J'espère que, malgré vos grandes occupations, vous voudrez bien être des nôtres.

ROBERT.

Madame, soyez sûre que je ferai le possible et l'impossible pour n'y pas manquer. J'ai l'honneur de saluer madame la comtesse. (En passant devant Angélina) Au revoir, ma petite amie. (Angélina, tremblante, lui fait un signe de tête, et tombe, anéantie, sur un fauteuil.)

SCÈNE VI

BALDA, ANGÉLINA.

BALDA, à elle-même, sans voir Angélina.

Demain, à neuf heures. Maugiron paraît sûr de son fait. Cet homme l'aura voulu. Il se fait menaçant, je me mets sur la défensive. (Apercevant Angélina, elle jette un cri.) Angélina! Dieu! qu'as-tu? Du secours!

ANGÉLINA, d'une voix éteinte, la retenant.

N'appelle pas!... n'appelle pas!...

BALDA.

Qu'est-ce que tu as, ma mignonne aimée? Ah! tu es convalescente à peine, je n'aurais pas dû te laisser veiller si tard.

ANGÉLINA.

Ce n'est pas ça!

BALDA.

Quoi alors? — Qu'est-ce que tu as?

ANGÉLINA.

Ah! tu sais bien... tu sais bien ce qui se passe.

BALDA.

Que se passe-t-il? de quoi parles-tu?

ANGÉLINA.

De ce duel! Le docteur Robert... Il se bat. Avec ce Maugiron. Tu le sais, je te dis!

BALDA.

Eh! d'où le sais-tu, toi?

ANGÉLINA.

J'ai entendu. J'étais là, derrière cette portière. Maugiron a crié : Je vous tuerai! Comment ne suis-je pas morte? C'est un tourbillon dans ma tête! (Se jetant dans les bras de sa mère). Ah! j'ai mal...

BALDA, la berçant, l'embrassant.

Chère petite! tu étais là! Je comprends, c'est trop fort pour toi, ma colombe, des émotions pareilles! — Tu vois ce que je te disais, comme ils sont méchants les hommes!

— Ah! on ne pouvait donc pas faire attention aussi qu'il y avait là une enfant! — Voyons, remets-toi! reviens à toi! calme-toi!

ANGÉLINA, se dégageant.

Ce n'est pas tout ça! Qu'est-ce que nous faisons-là? Il s'agit bien de me calmer, de me soigner! Est-ce que je suis en danger, moi! Il a dit : Je le tuerai! C'est à ça qu'il faut penser. Et tout de suite. Ce duel, il faut avant tout l'empêcher, mère! l'empêcher! l'empêcher!

BALDA.

Oui, oui, certainement. On verra. Tout s'arrangera, sois tranquille!

ANGÉLINA.

Tout s'arrangera! quand? C'est pour demain matin, pour neuf heures.

BALDA.

Eh bien! ne te tourmentes pas. On a le temps, va! on a le temps!

ANGÉLINA.

Mais tu me parles comme à une enfant! Non, non, il n'y a pas une minute à perdre! Il faut agir sur-le-champ. Vite, vite, mère, il faut que tu interviennes.

BALDA.

Intervenir, moi? je ne demanderais pas mieux, ma chérie! Mais comment? Près de qui?

ANGÉLINA.

Eh bien! près de ce Maugiron.

BALDA.

Et à quel titre? Je n'ai pas de pouvoir sur lui, moi.

ANGÉLINA, douloureusement.

Oh! mère, ne dis pas ça! Tu vas me mentir? à moi!

BALDA.

Sois raisonnable, ma bien-aimée; que veux-tu qu'on fasse au milieu de la nuit? Attendons le matin.

ANGÉLINA.

Au matin, il sera trop tard. Trop tard! ah! songe donc, c'est impossible! On ne peut pas laisser assassiner ce généreux homme, le docteur Robert, si utile, si bon, si grand!

BALDA, la regardant, surprise.

Non, assurément! — Quoique tu l'exagères un peu, je pense. — C'est égal! tu as raison, il ne faut certes pas qu'il coure un danger si grave.

ANGÉLINA.

Alors, sauve-le! (Mouvement de Balda.) Oh! tu le peux! tu le peux! Et même, veux-tu que je te dise? je me figure que tu le dois! Oui, tu as eu, tous ces jours-ci, des entretiens avec M. de Maugiron. Tu as laissé échapper, devant moi-même, je ne sais quels projets, quelles menaces. — Dieu du ciel! Si tu étais pour quelque chose dans ce duel, s'il fallait que nous le perdions, ce grand, ce doux ami, et si, dans ce malheur, il y avait de ta faute, — ah! mère, moi qui t'aime tant! — ah! c'est une pensée insupportable! — si tu me portais ce coup-là, il me semble par moments, — je vais te dire une chose affreuse! — il me semble... que je ne t'aimerais plus!

BALDA.

Tu ne m'aimerais plus! — Ah! malheureuse enfant! mais alors tu l'aimes!

ANGÉLINA, avec étonnement.

Je l'aime, moi? Eh! non, comment veux-tu? puisque
Lucie l'aime, et puisqu'il aime Lucie! — Ah! tant pis! je
l'ai dit! — Mais, c'est tout de même, si tu ne le sauves
pas, je ne t'aime plus, et, s'il meurt, je meurs!

BALDA, la saisissant dans ses bras.

Mourir! toi mourir! Tu mourrais, toi par qui je vis! Et
c'est moi qui... Laisse-donc! est-ce que c'est possible?
(Elle prend sa tête entre ses mains, et songe.)

ANGÉLINA.

Qu'as-tu? A quoi penses-tu?

BALDA.

Je pense?.. Eh bien! mais je pense que tout est changé!
je pense que tu as cent fois raison! je pense que cet
affreux duel, il faut l'empêcher, l'empêcher sur l'heure!

ANGÉLINA.

Et tu l'empêcheras?

BALDA.

Ah! je t'en réponds!

ANGÉLINA.

Et tu crois que M. de Maugiron?...

BALDA.

J'ai un certain pouvoir sur lui, sois sans inquiétude!

ANGÉLINA.

Mais est-ce que tu vas attendre le jour?

BALDA.

Je n'attendrai pas une minute. Sonne Julie. (Angélina

sonne. Balda va à la table et écrit. Entre Julie.) Baptiste est-il encore là?

JULIE.

Oui, madame; je viens de le voir sortir de l'appartement de M. le comte.

BALDA.

Il faut qu'il aille à l'instant porter ce billet. A l'instant. C'est à deux pas. Rue d'Anjou. Chez M. de Maugiron.

ANGÉLINA.

Ah! merci! (à Julie, pendant que Balda écrit) Julie, que Baptiste remette ce billet lui-même à la personne; vous entendez, ma bonne Julie?

JULIE.

Soyez tranquille, mademoiselle!

BALDA, à Julie, en cachetant sa lettre.

Baptiste entre le matin chez Monsieur à six heures. Qu'il lui dise que je le prie de venir chez moi tout de suite, que je suis levée, que je l'attends. (Elle lui remet le billet) Allez. (Sort Julie.)

ANGÉLINA, avec joie.

Tu fais intervenir M. de Sergy?

BALDA, souriant.

Curieuse! — Veux-tu savoir ce que je viens d'écrire à M. de Maugiron? « A quelque prix que ce soit, ce duel « ne peut avoir lieu. Attendez-nous, M. de Sergy et moi, « à sept heures. »

ANGÉLINA, se jetant à son cou.

Ah! mère, que tu es bonne! Pardonne-moi. Je t'aime!

BALDA.

Je t'aime! — Et maintenant, te voilà rassurée, rentre
chez toi. J'ai besoin d'être seule, pour penser, réfléchir,
rassembler mes idées.

ANGÉLINA.

Oh! tu ne te mêles plus, n'est-ce pas, de vouloir conduire les événements? ça porte malheur!

BALDA, la conduisant vers la porte.

Non, non, ne crains rien! Va! va!

ANGÉLINA.

Tu ne songes qu'à empêcher ce duel, et tu es sûre de
réussir?

BALDA.

Tout à fait sûre. Ça coûtera plus ou moins cher...

ANGÉLINA, s'arrête inquiète,

A qui? pas à toi toujours?

BALDA.

Eh! quand ce serait à moi! Va, mon pauvre ange, je
donnerais pour toi ma vie, que je ne te sacrifierais pas
grand'chose.

ANGÉLINA.

Donner ta vie, toi! Que dis-tu là!

BALDA.

Rien. Il n'y a pour le moment en jeu qu'une existence
autrement précieuse que la mienne, et je te répète que tu
peux t'endormir paisible : la vie de l'homme cher à mon
enfant est désormais sacrée! (Elle l'a conduite jusqu'à la porte de
droite, et l'embrasse,) Va! va!

ANGÉLINA, en sortant, à elle-même.

Pourquoi donc m'éloigne-t-elle?

BALDA, seule.

Seule, oui, j'ai besoin d'être seule, pour songer un peu librement à ce que j'ai maintenant à faire. C'est vrai! quand elle est là, la douce créature, il faut atténuer ce que je sens, déguiser ce que je veux; je l'inquiète si je m'abandonne, je l'épouvante si je suis moi-même; j'ai beau modérer mes caresses, retenir mes étreintes, je crains toujours de l'embrasser et de l'aimer trop fort; il n'y a que quand je suis seule que je peux être mère à mon aise! — Allons! sans le savoir voilà qu'elle aime; et si cet homme mourait, elle l'a dit tout à l'heure et elle disait la vérité, elle serait capable de mourir! Il ne mourra pas, c'est bien! mais s'il vit pour en aimer une autre?... Non, non! elle pourrait en mourir encore! cela ne peut pas être! — Et, voyons, pour que cela ne soit pas, est-ce qu'après tout j'ai tant à modifier mes idées? Qu'est-ce que je voulais? Angélina riche, Angélina fille par adoption du comte de Sergy. Eh bien, je n'ai qu'à vouloir ceci de plus : Angélina femme du docteur Robert! — Mais Lucie? Lucien?... Oh! si Maugiron m'a bien comprise, il va, pour prix de sa renonciation à ce duel, exiger de M. de Sergy, qui n'en sera pas fâché, sa promesse formelle de lui donner Lucie. Le père, la sœur, le frère, le prétendant, voilà leurs passions à tous en jeu et en lutte. Toutes, bonnes ou mauvaises, elles seront les servantes de la mienne! Car la mienne a sur les leurs cette supériorité qu'elle est unique, qu'elle va jusqu'au bout et qu'elle ne connaît ni le doute, ni le scrupule, ni la peur! Ils verront, avec leurs sentiments mitigés et leurs volontés amollies, ce que c'est que la puissance d'une âme un peu entière! Après, je leur permets de déclarer

excessif mon amour et sauve ma maternité! — Dès à
présent, tout me sert. Lucien va se trouver seul en face
de Maugiron. Lucie... ah! elle n'a pas, elle, la faiblesse
de sa mère, il est douteux qu'elle se laisse aller au désespoir, conduire au suicide... Nous verrons. — On part demain pour Mandeville; il faut que j'emporte... (Elle va au
meuble portugais, l'ouvre avec la petite clef de son porte-monnaie, et
prend dans un des tiroirs un flacon renfermant une poudre blanchâtre.)
Le voilà, le secret de ma force! ce qui fait que tous me
doivent craindre et que moi je ne crains rien! C'est la
loi de leur civilisation, dite avancée : le meurtre constitue
une dette, dont la peine de mort est le paiement; la vic-
time tuée, ils tuent l'assassin; et leur justice humaine est
satisfaite. Soit. Avec ceci je suis en règle et même en
avance; avec ceci je peux tuer si je veux, puisque, quand
je veux, je peux mourir.

(Elle met le flacon dans sa poche. — Angélina, depuis quelques
instants, a rouvert la porte, soulevé la portière, et, frémissante,
prête l'oreille, et regarde Balda.)

ANGÉLINA, à elle-même.

Elle a dit : « tuer, mourir! » Et qu'est-ce qu'elle a pris
là? Si c'était du poison? Ah! je ne le lui laisserais pas!

(Pendant que Balda referme le meuble, elle disparaît.)

ACTE III

Fête de nuit dans le parc de Mandeville. Au fond, château dans le style Louis XV, tout illuminé. Un large vélum d'étoffe rayée, attaché aux faîtes des grands arbres, s'étend sur tout le théâtre. Touffes d'arbustes en fleurs. Grands lampadaires de bronze. A gauche, bosquet de lilas, avec grande baie ouverte face au spectateur; dans ce bosquet, une table de jeu éclairée par un candélabre. Bancs et chaises d'osier.

SCÈNE PREMIÈRE

DU PLESSY, CLAIRVANNES, MARVEJOLS, à la table de jeu; quatre ou cinq JOUEURS; puis MAUGIRON.

CLAIRVANNES.

Je gagne. Ce baccarat champêtre est charmant! Il y a mille francs, messieurs.

DU PLESSY.

Je croyais aussi que ce serait amusant de cartonner dans une idylle; mais les lilas ne me portent pas bonheur.

MARVEJOLS, riant.

Ils vous portent à la tête!

DU PLESSY, appelant Maugiron qui passe.

Hé! Maugiron! voulez-vous ma place?

MAUGIRON,

Merci ! pas pour le moment !

DU PLESSY, quitte la table de jeu et vient à Maugiron.

Vous avez raison, elle est détestable. Seulement, c'est, je crois, la première fois, Maugiron, que les cartes vous appellent en vain.

MAUGIRON.

Ah ! mon cher, c'est que je joue pour le quart d'heure une partie plus sérieuse, une partie de trois millions ! Vous, savez, vous, témoin de mon duel avec le docteur Robert, que je ne lui ai fait sur le terrain des excuses, — assez fièrement, je crois ! — qu'après avoir obtenu du comte, par la comtesse, l'engagement formel de me donner la main de Mlle de Sergy.

DU PLESSY.

Oui, et M. de Sergy vous a promis de vous présenter, cette nuit, au ministre comme le futur mari de sa fille.

MAUGIRON.

Et la nuit se passe, et je ne vois rien venir !

DU PLESSY.

Patience ! il est deux heures à peine ; le train spécial qui doit ramener le ministre à Paris n'est que pour trois heures... Et, tenez, voici Mme de Sergy qui doit vous apporter des nouvelles.

SCÈNE II

LES MÊMES, BALDA.

DU PLESSY, à Balda.

Il commençait à être inquiet, madame. — Vous savez,

Maugiron, qu'à l'instant solennel je vous accompagne auprès de mon oncle. (Il retourne à la table de jeu.)

BALDA.

De quoi donc étiez-vous inquiet?

MAUGIRON.

Eh mais, de ce retard.

BALDA.

Je viens vous chercher. M. de Sergy voudrait que son fils fût là au moment de la présentation. Mais on cherche Lucien, et Lucien est introuvable.

MAUGIRON.

Tant mieux! il serait capable de faire une esclandre.

BALDA.

En tout cas, le docteur Robert est parti, appelé par un télégramme; parti pour Paris, je suppose; et il n'est pas probable qu'on le revoie ici cette nuit.

MAUGIRON.

Tant pis! il contiendrait un peu son ami Lucien.

BALDA.

Eh! bon Dieu! il me semble que Lucien vous fait terriblement peur?

MAUGIRON.

Non! ce n'est pas Lucien qui me fait peur, chère madame, c'est le frère de Lucie. Est-ce que, le jour de ma rencontre avec le docteur Robert, il ne m'a pas, sur le terrain même, déclaré la guerre? Jamais victoire ne fut plus triomphante que ne l'avait été ma retraite; les ennemis étaient consternés; tout à coup, Lucien se redresse et me dit: C'est fort bien, monsieur! mais sachez qu'entre vos projets et leur réalisation, il y a encore, il y aura toujours quelqu'un, et ce quelqu'un est celui qui vous parle.

BALDA, souriant malgré elle.

Vous n'aviez fait que changer d'adversaire!

MAUGIRON.

Et celui-là est cent fois plus redoutable que l'autre! je ne peux pas le provoquer celui-là, et je ne veux pas qu'il me provoque! Contre lui, il y aurait plus de danger d'être vainqueur que d'être vaincu.

BALDA.

Qui sait?

MAUGIRON, la regardant.

Que voulez-vous dire?

BALDA.

La menace d'un duel avec M. Robert a engagé M. de Sergy; qui sait si la menace d'un duel avec Lucien n'engagerait pas?...

MAUGIRON.

Qui?

BALDA.

Lucie.

MAUGIRON, avec doute.

Me conseilleriez-vous de tenter cette chance et ce risque?..

BALDA.

Je vous conseille tout au moins de les prévoir. Je viens vous avertir que M. de Sergy est avec le ministre et vous attend. Dites-vous, en faisant ce premier pas, qu'il faudra bien aller là où il vous mènera.

MAUGIRON.

Eh bien, je suis prêt! — Allons! (à du Plessy.) Mon cher vicomte, puisque vous voulez bien m'assister...

DU PLESSY, quittant le jeu.

Tout à vous, cher. (Sortent Balda, Maugiron, du Plessy.)

SCÈNE III .

LUCIEN, LUCIE, LES JOUEURS.

LUCIEN.

Viens, chère sœur, viens. Ils vont retrouver mon père pour cette présentation; ni toi, ni moi, nous ne pouvons être là.

LUCIE.

Et Robert qui est à Paris dans un moment pareil!

LUCIEN.

Rassure-toi, il n'est pas à Paris, il est à Mantes.

LUCIE.

A Mantes!...

LUCIEN.

Oui, auprès d'une personne qui lui a promis que, dans une crise suprême, elle lui fournirait, contre ce Maugiron, une arme terrible. Robert sera revenu avant la fin du bal.

LUCIE, avec joie.

Ah! — Crois-tu qu'il y ait vraiment là une chance de salut?

LUCIEN.

Je l'espère. Et pourtant j'ai comme une impatience et une fièvre d'agir tout seul, sans plus rien attendre.

LUCIE.

Oh! veille sur toi, cher frère! Tant que je te verrai calme près de moi, je serai rassurée, je serai résolue. Mon père, après tout, ne peut pas user de contrainte.

LUCIEN.

Ce n'est pas tant mon père qu'il faut craindre. Robert m'a recommandé de ne pas perdre de vue...

LUCIE.

Mme de Sergy, n'est-ce pas?

LUCIEN.

Oui. — Que dit Angélina?

LUCIE.

Ah! Angélina!... je ne sais, mais depuis quinze jours que nous sommes à Mandeville, Angélina n'est pas la même. C'est singulier! elle n'a plus cet abandon, ces élans qui mettaient si gentiment son cœur sur ses lèvres. Elle est réservée, pensive, inquiète...

LUCIEN.

Oh! tu ne me dis certainement pas qu'il faut se défier d'Angélina!

LUCIE, vivement.

Non, certes! C'est déjà bien assez de ne plus se fier peut-être si entièrement à elle. (Entre Angélina.) La voilà!

6.

SCÈNE IV

LUCIEN, LUCIE, ANGÉLINA

ANGÉLINA.

Ah! mes pauvres amis! vous savez, n'est-ce pas, ce qui vient de se passer?

LUCIEN.

Nous le savons.

ANGÉLINA.

Comme j'ai souffert pour toi, ma Lucie! Votre père, monsieur Lucien, fait demander après vous de tous les côtés. Il m'a chargée de vous dire d'aller le rejoindre, pour qu'il vous donne, après, les raisons qu'il aurait voulu vous donner avant.

LUCIEN.

Ses raisons de sacrifier sa fille!

ANGÉLINA.

Et toi, Lucie, il te fait avertir de l'attendre après le bal dans ta chambre; il ira t'y parler quand tout le monde sera parti. Il avait l'air bien irrité. Prépare-toi, ma chérie, à un assaut terrible. Comment feras-tu pour résister?

LUCIE.

Je ne sais. Ce qui est certain, c'est que je ne me soumettrai pas à une volonté qui me tue.

ANGÉLINA.

Est-ce que M. Robert ne va pas revenir?

LUCIE.

Il est à Paris.

ANGÉLINA.

A Paris, en ce moment! est-ce possible?

LUCIEN.

Rentrons dans le bal, Lucie. Autant notre absence était tout à l'heure utile, autant notre présence est maintenant nécessaire.

LUCIE.

Allons.

ANGÉLINA.

Tu ne veux pas que j'entre avec toi?

LUCIE.

Tu me rejoindras tout à l'heure. Il vaut mieux que je me montre d'abord au bras de mon frère. (Sortent Lucien et Lucie.)

ANGÉLINA, seule.

Qu'est-ce qu'elle a? qu'est-ce qu'ils ont? On a l'air de vouloir m'éloigner. On se cache de moi. Oh! il ne me manquait plus que ce chagrin-là! (Elle s'assied, absorbée, sur un banc à droite.)

SCÈNE V

MAUGIRON, DU PLESSY, LES JOUEURS; puis BALDA.

DU PLESSY.

Messieurs du baccarat, je vous ramène un homme heureux.

CLAIRVANNES.

Bravo! c'est le moment de parier contre lui!

MAUGIRON, riant.

Gare à votre argent, au contraire! Il m'est si indifférent, pour l'heure, de gagner ou de perdre, que je suis capable de vous décaver tous. (Il se met à jouer.)

BALDA entre, cherche des yeux Angélina, et court à elle.

Angélina! — Qu'as-tu?

ANGÉLINA.

Oh! si tu savais! Lucie est froide pour moi; Lucien me répond à peine; ils me traitent comme une étrangère, presque comme une ennemie. Ah! si on ne m'aime plus, qu'est-ce que tu veux que je devienne?

BALDA.

Si seulement on t'aimait moins, on serait trop injuste et trop ingrat!

ANGÉLINA.

Je ne leur ai rien fait pour sûr! Mais ils m'en veulent peut-être parce qu'ils peuvent croire que tu as participé, toi, aux arrangements de M. de Sergy et de M. de Maugiron. Ah! si c'est vrai, retire-toi de tous leurs complots, je t'en supplie!

BALDA.

Tu te figures donc qu'ils m'écouteraient, si j'essayais maintenant de les détourner de leur but. Non, vois-tu, nous sommes tous sur une pente où l'on ne peut plus s'arrêter.

ANGÉLINA.

On le peut! on le peut encore! Le voudrais-tu si tu le pouvais?

BALDA.

Et toi, voyons, parle; si tu étais maîtresse, toi, d'ordonner et d'accomplir tout ce qu'il te plairait, que ferais-tu?

ANGÉLINA.

Moi? oh! c'est bien simple! je ferais que tout de suite Lucie puisse épouser celui qu'elle aime.

BALDA.

Cher ange! comme tu mérites de n'être pas exaucée! — Mais, n'importe! voilà ton souhait rempli : Robert et Lucie sont mari et femme...

ANGÉLINA, avec un commencement de trouble.

Mari et femme!... Eh bien, c'est au mieux!

BALDA.

Et toi? qu'est-ce que tu deviens, toi?

ANGÉLINA.

Moi?

BALDA.

Dans deux ou trois ans, n'est-ce pas, à ton tour tu te maries?

ANGÉLINA.

Moi? jamais!

BALDA.

Jamais? pourquoi?

ANGÉLINA, douloureusement.

Eh! qui est-ce qui peut penser à m'aimer, moi? Est-ce qu'on m'aime?

BALDA.

Mais enfin, si quelqu'un t'aime?

ANGÉLINA.

Oh! c'est moi alors, moi, qui n'aimerai jamais personne!

BALDA.

Toi, si aimante! Et tu crois que tu serais heureuse!

ANGÉLINA.

Heureuse?... Certainement!

BALDA.

Heureuse, seule dans la vie?

ANGÉLINA.

Est-ce que je ne t'aurai pas, toi?

BALDA.

Oui; et puis, au fait, tu assisteras au bonheur de Lucie.

ANGÉLINA, d'une voix altérée.

C'est juste, j'assisterai...

BALDA.

Qu'as-tu? tes mains tremblent, tu chancelles, tu souffres!

ANGÉLINA, balbutiant.

Oui, c'est pourtant vrai! qu'est-ce que j'ai? qu'est-ce que j'ai donc? Je souffre! je... je ne sais pas pourquoi.

BALDA.

Je le sais, moi! Et qu'est-ce que ce serait si Lucie était déjà la femme de Robert! Ta vie, mon amour, serait une vie d'angoisse, de jalousie, de haine peut-être.

ANGÉLINA.

Moi, haïr! ah! je ne le supporterais pas!

BALDA.

Non! tu ne supporterais pas ce supplice. Et voilà pourquoi, quand même je pourrais encore m'opposer à ce qui se passe, je ne le ferais décidément pas.

ANGÉLINA.

Mon Dieu! que dis-tu? Il y a, je le veux bien, des choses qui sont plus fortes que ta volonté; mais il y en a aussi d'autres qui dépendent de toi, et que tu ferais ou déferais à ton gré. Ce sont celles-là qui m'épouvantent, et auxquelles je te supplie de renoncer.

BALDA.

Non! si elles peuvent te servir, je n'y renonce pas.

ANGÉLINA.

Oh! mère, prends garde! tu m'aimes trop, tu m'aimes mal!

BALDA.

Je t'aime comme je sens, je t'aime comme je peux.

ANGÉLINA.

Enfin, pour m'épargner une peine, tu ne perdrais pas toute la vie de Lucie?

BALDA.

Je ne tiens aucun compte de tout ce qui n'est pas mon enfant.

ANGÉLINA.

Oh! il y a des extrémités devant lesquelles tu hésiterais!

BALDA.

J'en doute.

ANGÉLINA.

Tu dis ça! mais, au dernier moment, tu reculerais, j'en suis sûre.

BALDA.

Je ne crois pas.

ANGÉLINA.

Tais-toi! jamais tu ne voudras que j'aie peur et douleur d'être ta fille.

BALDA.

Ah! pour l'amour de toi, je te défie toi-même! Je viens d'entendre ton cri, là, tout à l'heure. Tu vois bien qu'il ne s'agit plus pour le coup de t'enrichir, il s'agit de te sauver!

SCÈNE VI

LES MÊMES, LUCIEN

LUCIEN.

Madame! veuillez m'excuser, mon père me renvoie à vous pour un éclaircissement qu'il ne peut, dit-il, me lui-même.

BALDA.

Monsieur, ne pourriez-vous remettre?...

LUCIEN.

Encore une fois, pardon! j'ai au cœur une inquiétude que je ne peux pas longtemps y contenir.

BALDA.

Laisse-nous, Angélina.

ANGÉLINA, à elle-même.

Mon Dieu! qu'y a-t-il encore? (Elle sort.)

LUCIEN.

Vous aviez bien voulu, madame, garder jusqu'ici, vis-à-vis de ma sœur et de moi, des apparences de neutralité et de réserve, dont je vous savais gré; mon père assure

même que vous vous étiez déclarée d'abord contre les
prétentions de M. de Maugiron.

BALDA.

C'est la vérité.

LUCIEN.

Mais ces prétentions, maintenant, vous les approuvez?

BALDA.

Je les admets.

LUCIEN.

Pourquoi?

BALDA.

Par nécessité.

LUCIEN.

Mon père s'offense de n'avoir pas été informé par nous
de l'amour de Robert pour Lucie, et il prétend que cet
amour compromet ma sœur. L'honorable recherche d'un
homme considérable tel que Robert ne saurait pourtant,
ce me semble, jeter aucune ombre sur une honnête jeune
fille telle que Lucie.

BALDA.

Cela dépend.

LUCIEN.

Oui, mon père rejette la demande de mon ami, et dès
lors vous connaîtriez, vous, dit-il, des raisons graves
pour marier sur-le-champ Lucie, fût-ce à un Maugiron.
Ces raisons, vous avez refusé de les donner à M. de
Sergy?

BALDA.

Pour ne pas l'irriter.

LUCIEN.

Eh bien, je viens, moi, vous les demander, madame.

7

BALDA.

Et, à vous comme à lui, je les refuse.

LUCIEN.

Est-ce aussi pour ne pas m'irriter?

BALDA.

Et pour ne pas vous exposer.

LUCIEN.

Madame!... Je tiens à conserver envers vous le calme
et la modération qui conviennent; mais prenez garde!
quand il s'agit de ma sœur...

BALDA.

Menaces vaines, je me tairai.

LUCIEN.

Non! il serait trop commode, en vérité, madame, de
laisser mystérieusement planer on ne sait quels doutes
injurieux et quels soupçons menteurs; puis, quand on
vous en demande compte, de vous borner à répondre : je
me tairai!

BALDA.

Vous croyez que je me tais pour dissimuler un mensonge?

LUCIEN.

Si vous ne voulez pas que je le croie, parlez!

BALDA.

C'est vous qui m'y forcez? c'est vous qui l'exigez?

LUCIEN.

Oui!

BALDA.

Eh bien, sachez-le donc, — M. de Maugiron, par des moyens que je ne juge pas et que j'ignore, a en son pouvoir une lettre de Lucie à M. Robert.

LUCIEN, réprimant un mouvement.

Il ne peut y avoir dans cette lettre rien qui soit contre Lucie.

BALDA.

Non; il y a seulement dans cette lettre qu'elle l'aime.

LUCIEN.

Oh! d'un amour si noble, si pur!...

BALDA.

Tous ceux qui la connaissent en seront convaincus. Mais tous ceux qui ne la connaissent pas?...

LUCIEN.

Et vous croyez que M. de Maugiron aurait l'infamie de se servir de cette lettre?

BALDA.

Je n'en sais rien. Consultez là-dessus l'opinion que vous avez de lui.

LUCIEN.

Ah! je lui reprendrai cette lettre!

BALDA.

Vous pouvez la lui réclamer, tout au plus.

LUCIEN.

Vous n'admettez pas que je la lui laisse!

BALDA.

Vous ne supposez pas qu'il va vous la rendre !

LUCIEN.

Je saurai bien la lui arracher !

BALDA.

Craignez le bruit d'une affaire pour une telle cause.

LUCIEN.

L'affaire peut n'avoir pas cette cause-là.

BALDA.

Vous voyez si je faisais bien de vouloir me taire !

LUCIEN.

Vous avez mieux fait de parler. Je souhaitais, je cherchais une raison de provoquer cet homme. Vous me la fournissez. Je ne l'examine pas, j'en use.

BALDA.

Songez que, dans un duel, il a tous les avantages.

LUCIEN.

Dans celui-ci, c'est le contraire. Si je le tue, c'est bien. S'il me tue, c'est bien encore, il ne peut plus ni épouser ni diffamer ma sœur.

BALDA.

Oh! réfléchissez, attendez! — Ah! voilà qu'on me cherche. Je reviens à l'instant. Mais le mieux, croyez-moi, le mieux serait de faire comme si vous ne saviez rien. (Elle sort.)

SCÈNE VII

LES MÊMES, moins BALDA.

ANGÉLINA passe et repasse au fond jusqu'à la fin de l'acte.

LUCIEN, à lui-même.

Réfléchir, attendre, c'est inutile; faire comme si je ne savais rien, ce serait lâche.

DU PLESSY, dans le bosquet.

Vous gagnez, Maugiron.

LUCIEN, à lui-même.

Il est là, ce misérable! — Mais une raison de le provoquer, cela ne suffit pas; ce qu'il me faut, c'est un prétexte. (Il se rapproche du bosquet et de la table de jeu).

MARVEJOLS, à Maugiron.

Vous gagnez encore!

MAUGIRON.

Il y a deux cents louis, messieurs.

CLAIRVANNES.

J'en risque encore cinquante.

MARVEJOLS.

Moi, vingt-cinq.

DU PLESSY.

Je fais le reste.

MAUGIRON, après avoir gagné.

Il y a quatre cents louis — Eh bien? personne ne dit mot? (Posant les cartes sur la table.) Voyons, messieurs, vous n'allez pas me laisser faire Charlemagne! je n'ai passé que cinq fois.

LUCIEN, s'élance, et prend les cartes de Maugiron.

Monsieur!... On vous a dit un jour que vous étiez un grec; mais je ne souffrirai pas que vous le soyez dans la maison de mon père. (Il lui jette les cartes à la figure.)

MAUGIRON, avec un cri sourd.

Oh!.. Tout autre que vous, monsieur, ne serait pas vivant dans douze heures.

LUCIEN, raillant.

En vérité! tout autre que moi! Mais, moi?...

MAUGIRON.

Vous, monsieur? je vous jure que vous me ferez à votre tour des excuses.

LUCIEN.

C'est bon pour vous, ça, monsieur! Je vous jure, moi, que je ne vous en ferai pas.

MARVEJOLS.

On vient.

MAUGIRON, à du Plessy.

Je compte sur vous. (Il échange tout bas quelques mots avec lui.)

LUCIEN.

Maintenant, que je survive ou non, Lucie sera libre!

Tous sortent de différents côtés, moins Maugiron.)

SCÈNE VIII

MAUGIRON, BALDA, qui entre par la droite.

MAUGIRON, allant à Balda.

Je n'ai pu éviter la provocation de Lucien. Faites agir

le père, faites agir la sœur. Ce n'est pas à moi, cette fois, de reculer. Si le duel est nécessaire, le mariage devient impossible; et je n'aurais plus rien à ménager !

BALDA.

C'est entendu.

MAUGIRON.

Le rendez-vous est à l'orangerie, à sept heures. Si, à six heures et demie, je n'ai pas de vos nouvelles, faites bien attention que sur le terrain je ne me contente pas de blesser...

BALDA.

C'est compris.

ACTE IV

La chambre de Lucie. — Tenture de perse à semis de fleurs. Le lit au fond. A la tête du lit, un guéridon, avec un verre d'eau. Deux portes en pan coupé. Un cartel Louis XVI sur une glace.

SCÈNE PREMIÈRE

LUCIE; entre LUCIEN.

LUCIEN.

J'entre un moment pendant que mon père reconduit ses derniers hôtes. Avant qu'il monte, j'ai voulu t'embrasser, chère sœur, pour te donner du courage.

LUCIE.

Merci, mon Lucien! Je suis un peu émue, mais je tâcherai d'être forte et de paraître calme.

LUCIEN.

Oui, je sais quelle est ta vaillance; mais, écoute, je viens lui apporter une assurance de plus. Quelle que soit la pression, quel que soit l'emportement de mon père, ne cède à aucune menace, à aucune contrainte, j'ai le moyen, le moyen certain de te délivrer de ce Maugiron.

LUCIE.

Vraiment! Quel moyen? est-ce celui dont parlait Robert?

LUCIEN.

Non, il paraît que celui-là nous échappe. Mais le mien ne peut pas manquer. — Cela dit, embrasse-moi; et tout à l'heure fais ce que je fais toujours, moi, dans les crises de ma vie, pense à notre mère. Tu as sa bonté, aie plus de fermeté qu'elle pour avoir plus de bonheur.

LUCIE.

Oui, je penserai à elle, à toi, à Robert.

LUCIEN.

C'est ça, pense à moi, qui ne vais penser qu'à toi. A tout à l'heure. Embrasse-moi encore. Espère.

LUCIE.

Espérons! (Sort Lucien.)

LUCIE, seule.

Oui, je résiste peut-être un peu mieux que ma douce et sainte mère. C'est égal! pour que je ne fléchisse pas, il ne faudrait pas non plus frapper trop fort! — Mon père!

SCÈNE II

LE COMTE, LUCIE.

LE COMTE.

Lucie! vous savez, je pense, de quoi j'ai voulu vous parler sans aucun retard.

7.

LUCIE.

Je m'en doute, mon père.

LE COMTE.

Vous avez affecté, pendant tout le bal, de vous tenir à l'écart; mais on a dû vous dire que j'ai présenté tout à l'heure au ministre et à nos amis, M. le marquis de Maugiron comme mon futur gendre.

LUCIE.

On me l'a dit; et j'en ai été profondément affligée.

LE COMTE.

Pour quelles raisons, je vous prie?

LUCIE.

D'abord parce que vous avez annoncé publiquement une détermination si grave pour moi, sans même vous donner la peine de m'en prévenir.

LE COMTE.

Je vous l'avais fait assez pressentir, il me semble! Mais le père n'a pas besoin de prévenir ses enfants des déterminations qu'il prend dans leur intérêt, et dont il ne répond qu'à sa conscience. Si c'est là votre unique souci....

LUCIE.

J'en ai un autre, plus grave encore; c'est que je me verrai forcée, à ma grande douleur, de vous faire manquer à votre parole.

LE COMTE.

Je n'ai jamais manqué à ma parole.

LUCIE.

Pour ce qui dépend de vous, j'en suis sûre. Mais là où vous avez engagé, malgré elle, une volonté qui n'est pas la vôtre....

LE COMTE.

Quand cette volonté est celle de ma fille, je la considère comme étant mienne, et j'ai le droit de l'engager.

LUCIE.

Je vous avais supplié de ne point user de ce droit, mon père. Jamais, je vous l'ai respectueusement déclaré, jamais je ne serai la femme d'un homme que je méprise et que j'abhorre.

LE COMTE.

Je n'ai qu'un mot à dire pour humilier et anéantir cette fière résistance.

LUCIE.

Quel est ce mot, mon père?

LE COMTE.

C'est que je sais d'où elle vient, cette résistance impie! Si vous ne tenez pas l'engagement que j'ai pris pour vous, ne serait-ce pas, dites-moi, que vous en auriez pris un autre vous-même?

LUCIE.

Peut-être.

LE COMTE.

Vraiment! et oseriez-vous dire avec qui?

LUCIE.

C'est avec M. le docteur Robert.

LE COMTE.

Elle en convient! Voilà où en sont les filles de noblesse à présent! voilà comment elles respectent leur honneur!

LUCIE.

Mon honneur est pur et intact, et doit être respecté de tous, même de mon père!

LE COMTE.

Et votre père doit-il respecter aussi le détestable engagement dont vous osez faire parade?

LUCIE.

Mon père a le droit de dire non à cet engagement...

LE COMTE.

C'est heureux!

LUCIE.

Comme j'ai moi, le droit, dont j'use, de dire non au sien.

LE COMTE.

Ainsi, contre l'autorité paternelle, contre la loi divine, vous invoquez la loi humaine, la loi sacrilége!

LUCIE.

J'invoque ce qui me protége contre ce qui devrait me protéger.

LE COMTE.

Mais votre loi même, vous savez qu'elle vous condamne à attendre?

LUCIE.

J'attendrai.

LE COMTE.

Vous attendrez trois ans!

LUCIE.

J'en attendrais dix.

LE COMTE.

Seule, éloignée de vos amis, séparée de vos soutiens, trois années durant, vous saurez souffrir?

LUCIE.

Oui, pour n'avoir pas à souffrir toute ma vie.

LE COMTE.

Prenez garde! vous ne savez pas ce que deviennent les filles rebelles!

LUCIE.

Ah! je sais ce que deviennent les femmes sacrifiées; elles meurent.

LE COMTE, faisant un pas sur elle.

Malheureuse!

LUCIE, tombant sur un genou.

Ah! (Entre Balda).

SCÈNE III

LE COMTE, LUCIE, BALDA, puis JULIE.

BALDA, s'élance et retient le comte.

Monsieur!.. — Lucie! pauvre enfant! relevez-vous (Elle l'aide à se relever et la fait asseoir.) Asseyez-vous, là.

LUCIE, d'une voix faible.

Merci!... Je...

BALDA.

Ne dites rien. Remettez-vous. Reprenez vos forces...
Ah! vous en avez besoin.

LUCIE.

Quoi? parlez! qu'y a-t-il encore?

BALDA.

Il y a... il y a le danger que court votre frère.

LUCIE.

Lucien!

LE COMTE.

Quel danger?

BALDA.

Si vous refusez ce mariage, un danger terrible.

LUCIE.

Quel danger? dites! dites!

BALDA.

Pour rendre ce mariage impossible, Lucien a gravement insulté M. de Maugiron.

LUCIE.

Ils vont se battre?

BALDA.

Ce matin.

LE COMTE.

Quelle arme?

BALDA.

Le pistolet.

LUCIE.

Ah! je comprends à présent pourquoi il est venu m'embrasser tout à l'heure. Et ce serait pour moi!.. Non! je ne veux pas! je ne veux pas qu'il se batte pour moi, qu'il soit tué pour moi! Qu'est-ce qu'il faut faire pour empêcher ce duel?

LE COMTE.

Ce qu'il faut faire, Lucie? Votre devoir.

LUCIE.

Et mon devoir, c'est?...

LE COMTE.

C'est de déclarer à votre frère que vous consentez à être la femme de M. de Maugiron.

LUCIE.

La femme de... Jamais!

LE COMTE.

C'est bien! alors vous laissez mourir votre frère!

LUCIE, éperdue, tombe sur une chaise.

Non! non!... C'est à moi de mourir!

BALDA, au comte.

Vous entendez ce qu'elle dit : « C'est à moi de mourir! » — (A Lucie.) Pauvre enfant! non! personne ne mourra. Consentez!

LE COMTE

Vous consentez?

LUCIE, se levant.

Avant tout, je veux voir Lucien!

BALDA, vivement.

Oh! ce serait inutile, et même dangereux! Votre frère

verrait que vous lui faites un sacrifice, et il ne l'accepterait pas.

LUCIE.

Je vous dis que je veux le voir, lui parler moi-même ! Je suis sûre qu'il ne croira que moi. Il doit être dans sa chambre. J'y vais.

BALDA, faisant signe au comte.

Non ! faisons-le appeler plutôt !

(Le comte tire un cordon de sonnette. — Entre Julie.)

LE COMTE, à Julie.

Allez dire à M. Lucien que son père désire lui parler sur-le-champ.

LUCIE.

Son père — et sa sœur.

JULIE.

M. Lucien n'est plus dans sa chambre. Il y est entré pour changer d'habit, mais il en est sorti presque aussitôt.

LUCIE.

Dieu ! — Alors, cherchez M. le docteur Robert...

JULIE.

M. le docteur Robert était avec M. le vicomte, quand je es ai vus sortir du château, il y a dix minutes. (Sur un signe du comte, elle sort.)

LUCIE, avec un cri de désespoir.

Mon frère !.. (Elle tombe sur ses genoux, la tête basse, les mains pendantes.) Il est tué ! tué pour moi ! tué par moi !

LE COMTE.

Ma fille ! (Appelant.) Julie !

BALDA.

Non ! personne ! pas de scandale ! pas de bruit !

LE COMTE,

Mais elle perd connaissance !

BALDA.

Aidez-moi à la porter. (Ils portent Lucie sur la couchette. Laissez-nous maintenant. Je vous rappellerai dès qu'elle sera revenue à elle.

LE COMTE.

Vous ne voulez pas que je vous envoie Julie ?

BALDA.

Inutile.

LE COMTE.

Un mot pourtant. Mon fils est sorti avec le docteur Robert ; ce n'est pas déjà pour ce duel?

BALDA.

Hé! non ! non ! — Quelle heure est-il ?

LE COMTE.

Il est plus de six heures.

BALDA.

Le duel est pour plus tard.

LE COMTE.

Vous êtes sûre?

BALDA.

Oui, pour plus tard. Je vous en réponds. — Elle ne rouvre toujours pas les yeux. Laissez-nous, je vous en prie !

LE COMTE.

Vous m'appellerez. (En sortant.) Il faut que je retrouve mon fils !

SCÈNE IV

BALDA, LUCIE, toujours sans connaissance.

BALDA, à elle-même.

Allons !.. Il n'y a pas à hésiter cette fois. Ces actes-là ne veulent pas être seuls. La mère appelle la fille... (Regardant le cartel.) Dans quelques minutes, la sœur appellera le frère. — Eh bien, puisque je suis prête à les suivre tous trois, qu'est-ce qui m'arrête ? (Elle va au guéridon.) Elle l'a dit devant son père : « C'est à moi de mourir !... » (Tout en parlant, elle tire de sa poche le flacon, l'ouvre, fait tomber la poudre dans le verre, y verse de l'eau, et remue avec la cuiller la poudre toute semblable à du sucre. — La porte de gauche s'ouvre sans bruit. — Entre Angélina, au moment où Balda se retourne, tenant à la main le verre d'eau.

SCÈNE V

BALDA, LUCIE évanouie, ANGÉLINA.

ANGÉLINA.

Mère, veux-tu que je t'aide ?

BALDA, atterrée.

Je te croyais dans ta chambre.

ANGÉLINA.

Je viens de rencontrer M. de Sergy. Il m'a dit que Lucie

se trouvait mal. Je suis venue. (Se penchant sur le lit.) Lucie!...
Ma Lucie!...

LUCIE rouvre les yeux.

Angélina ! — Lucien ?...

BALDA.

Rassurez-vous! Il n'y a pas pour lui de danger immé-
diat.

LUCIE.

Ce duel ?...

BALD'A.

C'est pour plus tard.

LUCIE.

Ah!... pour plus tard !... (Sa tête retombe.)

BALDA.

Elle va dormir ; tu pourrais maintenant te retirer.

ANGÉLINA.

Je m'en irai quand tu t'en iras.

BALDA.

Comme tu voudras. (Elle s'approche du lit, tenant le verre,
et passe la main gauche sous l'oreiller pour le soulever, embarrassée par
le verre qu'elle tient de la main droite.)

ANGÉLINA.

Veux-tu que je tienne le verre ?

BALDA, d'un ton bref.

Non !

ANGÉLINA.

Veux-tu que je la fasse boire ?

(Balda se redresse. Elles se regardent un instant en silence
Balda inquiète, Angélina tranquille.)

BALDA,

Non ! (Elle approche le verre des lèvres de Lucie.)

ANGÉLINA.

Bois, ma Lucie ! (Lucie boit.)

BALDA.

Il faut que nous la laissions à présent.

ANGÉLINA.

Laissons-la.

BALDA.

Allons ! viens !

ANGÉLINA.

Attends, que je l'embrasse. (Elle embrasse Lucie au front.)
Viens-t'en si tu veux, maintenant.

BALDA.

Tu parais bien lasse !

ANGÉLINA.

C'est vrai, — extrêmement lasse !

BALDA.

Eh bien, tu vas rentrer chez toi, essayer de dormir.

ANGELINA.

Je vais essayer. Et toi ?

BALDA.

Moi, je dois aller retrouver M. de Sergy. (Regardant à la
pendule. A part.) Sept heures bientôt !

ANGÉLINA.

Avant de nous quitter, tu ne m'embrasses pas ?

BALDA. Elle l'embrasse au front, puis l'attire et la serre
sur sa poitrine.

Chère ! chère Angélina !... Je t'aime ! — Ma fille, sou-
viens-toi toujours, entends-tu, que je t'aime !

ANGÉLINA, à elle-même, regardant sortir Balda.

Oh ! oui ! tu m'aimes ! Mais ton amour, ô mère, est plus
terrible que ta haine !

ACTE V

Un petit salon en rotonde. Boiserie grise. Fenêtres à droite et à gauche. Une seule porte au fond.

SCÈNE PREMIÈRE

BALDA, seule. Elle entre rapidement.

Cette pièce est tout près de l'orangerie; d'ici je pourrai entendre. (Elle va à la fenêtre de gauche, l'ouvre, et, adossée au battant de la persienne, prend dans sa main sa montre, puis, l'œil fixé sur l'aiguille, l'oreille penchée, elle écoute.) Sept heures. C'est l'heure fixée. Comme l'aiguille marche lentement! Comme c'est long à passer, une minute! Je n'entends rien. On est exact pourtant à ces rendez-vous là.

(Une détonation se fait entendre.) Ah! (Elle se penche en avant pour mieux écouter, et se redressant.) Plus rien. Un seul coup. Maugiron seul a tiré. Lucien est mort. (Elle vient tomber dans un fauteuil.) Lucien est mort; et Lucie se meurt. J'ai gagné la double partie. J'ai une chance épouvantable! — Un duel, un suicide, je ne suis pour rien là-dedans, moi! Qui est-ce qui peut soupçonner quelque chose? Deux seuls êtres au monde: Angélina, Robert. Et c'est pour eux que tout s'est fait. Moi, à présent, quand on voudra, je disparais, je suis prête. (La porte s'ouvre. Robert paraît, grave et sévère.) Robert! — Si Lucien n'était pas mort, il serait auprès de lui.

SCÈNE II

BALDA, ROBERT

BALDA.

M. le docteur Robert ! Qu'est-il arrivé ?

ROBERT.

Ce qui est arrivé ? Vous l'ignorez, madame ? Il est arrivé un duel.

BALDA.

Entre qui ?

ROBERT.

Entre Lucien et M. de Maugiron. (Mouvement de Balda.) Oh ! inutile de feindre l'étonnement avec moi : vous savez que ce duel a eu lieu, puisque c'est vous qui avez voulu qu'il eût lieu.

BALDA.

Moi !

ROBERT.

Oui, vous ! et c'est sur vous, sur vous seule que doivent en retomber les conséquences.

BALDA.

Assez, monsieur ! Vous semblez vouloir me parler en ennemi ; mais j'ai mes raisons de ne pas vous accepter pour tel. Je me retire.

ROBERT.

Veuillez rester ! Votre intérêt, croyez-moi, veut que cette explication, devenue nécessaire, se passe entre nous deux.

BALDA.

Mais, monsieur, vous m'avez mis dans l'âme une horrible inquiétude. — Ce duel, — préparé, selon vous, par moi, — a-t-il eu lieu seulement ?

ROBERT.

Il a eu lieu. Je quitte le terrain à l'instant même.

BALDA.

Alors quelle en a été l'issue ?

ROBERT.

Ne soyez pas si pressée de le savoir. En tout cas, il n'y a plus rien à faire.

BALDA.

Plus rien à faire ! Enfin, que s'est-il passé ?

ROBERT.

Madame, une demi-heure avant le duel, moi, témoin de Lucien, je me rendais auprès de son adversaire. Ceci est contraire à tous les usages, n'est-ce pas ? Mais c'est que j'avais à mettre sous les yeux de votre allié une pièce importante, très-importante. Grâce à votre fête, les dépêches de nuit et les trains spéciaux m'avaient permis de demander à Mantes à Mme d'Arsac, et avaient permis à Mme d'Arsac d'apporter ici elle-même une pièce qu'elle avait refusé de me livrer hier : une fausse lettre de change de M. de Maugiron.

BALDA.

Le misérable !

ROBERT.

Oh ! vous pouvez vous permettre envers lui les injures, madame, vous ne faites que les lui rendre. Car je ne sais

si, même avec la menace de l'infamie, je serais venu à
bout d'arrêter sa fureur ; mais quand il a vu que l'heure
était passée où il attendait de vous je ne sais quel mes-
sage, quand il a su de quels moyens vous vous étiez
servie pour pousser Lucien à le provoquer, il a pensé
qu'il était trahi, qu'il était joué, et il s'est écrié : Je comprends tout maintenant : elle veut que je lui tue Lucien !

BALDA.

Et il s'est encore dérobé à ce duel, cet intrépide ?

ROBERT.

Non pas, il m'a supplié, au contraire, de laisser le duel
suivre son cours et Lucien ignorer tout. Mais Lucien a
tiré seul et l'a effleuré de sa balle, et il a, lui, jeté son
pistolet aux pieds de son adversaire. Voilà pourquoi,
madame, vous avez entendu un seul coup tout à l'heure,
et voilà comment l'auxiliaire sur lequel vous comptiez
vous a fait défaut. Mais vous n'avez pas le droit de lui en
vouloir ; vous lui en aviez un peu donné l'exemple.

BALDA.

Il a de la chance, ce Maugiron ! Il a sauvé sa vie, et,
ma foi ! presque son honneur. Il est douteux, n'est-ce
pas, que moi je m'en tire à si bon marché ? car c'est
maintenant mon tour, je suppose. — Vous me faisiez à
l'instant, monsieur, la proposition de tout terminer entre
nous deux ?

ROBERT.

Vous l'acceptez ?

BALDA.

Je la réclame.

ROBERT.

C'est bien ! A nous deux. — Ne revenons ni sur l'enquête de l'autre jour, ni sur mon duel à moi. Tenons-nous-en à ce duel de Lucien.

BALDA.

Vous dites que je l'ai préparé et voulu ?

ROBERT.

Oui, mais les preuves me manquent encore, et ce n'est pas moi qui peux vous accuser.

BALDA.

Eh ! qui serait-ce ?

ROBERT.

Votre conscience. Lui répondrez-vous tout haut ?

BALDA.

Si je refuse ?

ROBERT.

Alors vous avouez.

BALDA.

Comme il vous plaira. — Et, sur ce refus, vous, eh bien, soyez le juré, soyez le juge.

ROBERT.

Non, pas moi.

BALDA.

Qui donc ?

ROBERT.

Votre conscience encore.

BALDA.

Ah ! vous demandez que ce soit moi qui rende sur moi le verdict, moi qui prononce la sentence ?

ROBERT.

Oui, vous.

BALDA.

Soit. — Eh bien, c'est fait. La délibération n'a pas été longue !..

ROBERT.

Oh ! quelle femme étrange vous êtes ! Votre sang-froid me surpasse. Quel est votre dessein ? J'ai comme peur...

BALDA.

Pour moi ? Pas moi !

ROBERT.

Enfin, qu'avez-vous résolu ?

BALDA.

Pardon ! ceci, comme vous disiez, regarde ma conscience ; vous verrez bien !

ROBERT.

Mais...

BALDA.

Qu'il ne soit plus question de moi, monsieur, je vous prie. Je n'ai plus maintenant qu'un mot à vous dire, — et non pas sur moi, mais sur l'être en qui j'avais concentré mes dernières affections avec mes dernières espérances, — sur ma nièce Angélina. Vous êtes incapable, je pense, de lui imputer la moindre part de responsabilité dans le mal que j'aurais pu faire ?

ROBERT.

Certes ! C'est une loyale et vaillante enfant qui, sans jamais vous accuser et vous trahir, est restée constamment fidèle et dévouée à son amie Lucie ; et je lui en ai pour ma part une profonde reconnaissance.

BALDA.

Vous n'en aurez jamais une trop grande ! vous ne

savez pas, vous ne pouvez pas savoir tout ce qu'elle a
fait pour Lucie et pour vous.

ROBERT.

Je ne vous comprends pas.

BALDA.

Vous me comprendrez plus tard. Qu'il vous suffise de
savoir qu'Angélina n'a pas été simplement dévouée,
qu'elle a été héroïque. J'atteste le Dieu vivant que je
vous dis la vérité. Retenez bien mes paroles, rappelez-
vous l'heure dans laquelle je les prononce, et permettez
que ce soient les dernières que je vous fasse entendre.
Adieu, monsieur.

LUCIEN, au dehors.

Robert ! Robert ! Es-tu là ?

BALDA, avec épouvante.

La voix de Lucien ! Oh ! ne répondez pas ! ne répondez
pas ! Je ne veux pas le voir en ce moment !

SCÈNE III

LES MÊMES, LUCIEN, LUCIE

LUCIEN, à Robert.

Nous te cherchions.

ROBERT.

Lucie !

BALDA, hors d'elle.

Lucie !

ROBERT, à Lucie.

Comme vous êtes pâle ! Qu'avez-vous ?

LUCIE.

Rien ! ce n'est rien !

BALDA, à elle-même.

Elle vit ! (à Lucie) Vous étiez si faible, si abattue !...

LUCIE.

Oui, j'avais perdu connaissance, n'est-ce pas ? Mais comme je commençais à sortir de cet anéantissement, j'ai entendu frapper à ma porte, et Lucien appeler : ma sœur ! J'ai eu, dans ma joie, la force de me lever, d'aller lui ouvrir et, quand il m'a eu tout dit, la force encore de descendre avec lui.

BALDA, à part.

Vivante ! par quel miracle ?

SCÈNE IV

LES MÊMES, LE COMTE, puis ANGÉLINA.

LE COMTE, entrant rapidement, à Balda.

Ah ! vous êtes là, ma chère amie. Angélina vous demande.

BALDA, les yeux fixés sur Lucie.

Angélina ? Je suis à elle.

LE COMTE.

Elle a besoin de vous, je crois. Hâtez-vous !

BALDA, se dirigeant vers la porte.

J'y vais, j'y vais. (A elle-même, regardant toujours Lucie.) Sauvée ! sauvée par qui ?

LE COMTE.

Allez vite. Elle est souffrante...

BALDA, se retournant vivement.

Souffrante?

LE COMTE.

Et le docteur ferait bien d'aller avec vous.

(Il dit quelques mots à l'oreille de Robert.)

BALDA, qui le regarde, jette un cri.

Ah!... Je n'ai pas entendu les mots, mais j'ai vu les lèvres. Vous avez dit: Elle se meurt! (Entre Angélina, Balda court à elle, et l'entoure de ses bras.) Angélina!

ANGÉLINA.

Tu ne venais pas, je suis venue. (Apercevant Lucien, elle jette un cri de joie.) Ah! Lucien! Ce duel?..

LUCIEN.

C'est fini. Tout danger est passé.

ANGÉLINA, levant les mains.

Ah Dieu! quel bonheur?

BALDA, la conduisant à un fauteuil.

Mais toi, ma chérie? Qu'est-ce qu'on disait donc, que tu te mourais!

ANGÉLINA

C'est parce que, tout à l'heure je souffrais... oui, je souffrais beaucoup.

BALDA

Et maintenant?

ANGÉLINA.

C'est fini. Je ne souffre plus. — Mais c'est égal! je crois tout de même, vois-tu, que je vais mourir.

BALDA.

Mourir ! perds-tu la raison ? mourir de quoi ? (A Robert.)
Oh ! voyez, voyez donc, docteur, qu'est-ce qu'elle dit ?
C'est absurde, n'est-ce pas ? (Robert prend la main d'Angélina et
se penche pour examiner de près ses yeux et ses lèvres.) Qu'est-ce
qu'elle a ?

ROBERT

Ce qu'elle a ? Ah ! — mais, la malheureuse enfant...
elle est empoisonnée.

BALDA.

Empoisonnée ! c'est impossible ! — Angélina ! Est-ce
vrai ? dis, parle ! — Qui est-ce donc qui t'a empoisonnée ?

ANGÉLINA, doucement.

Eh ! qui veux-tu que ce soit, si ce n'est moi !

BALDA, d'une voix rauque.

Docteur ! Ah !... sauvez-la !

ROBERT, à Angélina.

Chère enfant, quand avez-vous pris ce poison ?

ANGÉLINA.

Il y a plus d'une heure. A l'heure où je croyais que
Lucien serait tué. A sept heures.

ROBERT serre les poings avec désespoir.

Et qu'est-ce que vous avez éprouvé depuis une heure ?
Des douleurs aiguës aux tempes, n'est-il pas vrai ?

ANGÉLINA.

Oui.

ROBERT.

A plusieurs reprises ?

ANGÉLINA.

Trois fois.

ROBERT, à part.

Perdue !

ANGÉLINA.

La dernière fois, — tout à l'heure, — oh ! c'était bien affreux ! Est-ce que je souffrirai beaucoup encore ?

ROBERT.

Non, vous ne souffrirez plus.

BALDA.

Mais c'est épouvantable ! mais qu'est-ce que c'est donc que ce poison-là ?

ROBERT.

Madame ! c'est un poison de votre pays.

BALDA, se cramponnant au bras de Robert.

Enfin, il est temps encore ? vous devez connaître des contre-poisons, vous. Qu'est-ce qu'il faut faire ?

(Tous les regards s'attachent avec anxiété sur Robert.)

ROBERT.

Attendre.

BALDA,

Attendre ! qu'est-ce que ça veut dire, attendre ? Attendre quoi ?

ANGÉLINA.

Eh bien, mais que je meure. Si je ne dois plus souffrir, tout est bien.

BALDA.

Attendre ! mourir ! mais ce sont là des choses insensées, des choses impossibles ! (A Robert.) Monsieur, mon-

sieur ! vous êtes médecin, vous devez la sauver, vous
le devez ! Qu'est-ce que vous avez à rester là, im-
mobile ? Cherchez, trouvez ! faites votre devoir, monsieur ! votre inaction est quelque chose d'abominable.
Vous n'allez pas, je pense, la laisser mourir là, sous mes
yeux, sans rien faire, sans rien essayer ? Elle, mon
Angélina, mon enfant !... Ah ! au fait, vous ne savez
pas... Eh bien, oui, c'est mon enfant, c'est ma fille ! Je
suis sa mère !

ANGÉLINA, se soulevant et essayant de lui fermer la bouche.

Tais-toi ! tais-toi !

BALDA, se dégage, et avec une énergie sauvage.

Je suis sa mère ! — Osez me dire que vous n'allez pas
la sauver, à présent !

ANGÉLINA, avec fermeté.

Ah ! tu vas m'entendre ! il faut que tu m'entendes !
Vous tous, par grâce, éloignez-vous un peu.

ROBERT emmenant Lucie, le comte et Lucien.

Oui, venez, venez !

LUCIEN, bas à Robert.

Il n'y a donc vraiment rien à tenter ?

ROBERT.

Hélas ! rien.

(Ils vont tous quatre à l'écart, sur le seuil de la porte, qui reste ouverte.)

BALDA.

Comment ! tu les renvoies ?

ANGÉLINA.

Laisse ! — Apaise-toi, mère, et écoute-moi. N'aie pas

la cruauté de vouloir que je vive. Sais-tu pourquoi je meurs, pourquoi je me suis empoisonnée ?

BALDA.

Pourquoi ?

ANGÉLINA.

Eh bien, c'est pour ne pas souffrir toutes ces tortures que tu m'annonçais cette nuit, que je sentais déjà. Est-ce que je pouvais envier Lucie ? est-ce que je pouvais la haïr, puisque je l'aime ! J'en serais pourtant arrivée là, j'y arrivais. Tu me l'as dit, et tu disais la vérité.

BALDA.

Comment! ce serait moi qui?... Oh! mais c'était faux! nous te consolerons, va, une fois sauvée!

ANGÉLINA.

On ne me sauvera pas! Veux-tu savoir quel poison j'ai pris?

BALDA.

Quel poison?...

ANGÉLINA.

C'est celui que tu tenais en réserve, mais que j'ai découvert, enlevé, remplacé; celui que, ce matin, tu as cru donner à Lucie !

BALDA, avec horreur, prenant ses cheveux dans ses mains.

Oh!... moi!... encore!... oh!...

(Elle tombe, la tête renversée, devant le fauteuil, aux pieds d'Angélina.

ANGÉLINA.

Ah! (Appelant.) monsieur Robert ! (Robert accourt.) Ah ! voyez! voyez! elle est évanouie. Secourez-la.

ROBERT.

Elle reprendra assez tôt connaissance! ayons pitié d'elle! — Mais vous?

ANGÉLINA.

Je ne souffre pas.—Seulement, je n'entends déjà presque plus... Ah! je voudrais pourtant avoir le temps de dire adieu.. — Adieu, ma Lucie!

LUCIE, à genoux, couvrant de baisers et de larmes la main d'Angélina.

Angélina! ma petite sœur! ne me quitte pas, je t'en prie!

ANGÉLINA.

Si! il faut que je m'en aille. C'est mieux, vois-tu! c'est bien!

LUCIE.

Que dis-tu là?

ANGÉLINA.

Tu ne sais pas? je n'ai pas seulement à te dire adieu, Lucie, j'ai à te demander pardon.

LUCIE.

Toi, me demander pardon! et de quoi, bon petit ange?

ANGÉLINA, avec angoisse, regardant Lucie.

Mon Dieu! je vois que tu me parles et je n'entends plus ce que tu me dis!—Oh! mais alors, si tu me pardonnes, comment saurai-je?.. Ah! tu m'embrasseras... — (touchant du doigt son front.) Là. — Maintenant, écoute. — Lucie! ma Lucie! il paraît... que j'aimais celui que tu aimes. (Elle se soulève, tend son front avec anxiété. Lucie joint les mains, se lève, et met sur le front d'Angélina un baiser. Angélina avec un sourire.) Ah!

LUCIE, à Robert.

Embrassez-la, vous aussi.

(Robert se penche et embrasse au front Angélina.)

ANGÉLINA, tournée vers Lucie, et d'une voix indistincte.

Merci! (Un silence.)

BALDA, redressant la tête.

On se tait! Elle se tait! (Prenant la main d'Angélina, à Robert.) Elle vit pourtant?

ROBERT.

Elle vit.

BALDA.

Eh bien! ne la laissez pas mourir! Écoutez...

LE COMTE, inquiet, s'avançant.

Venez; vous ne pouvez pas rester ici.

BALDA.

On veut m'emmener! on ne m'arrachera d'auprès d'elle qu'en lambeaux! (Robert fait signe au comte de la laisser. Balda montrant Robert.) Il faut bien que je le force à la sauver. Il le peut. Ne dites pas non! Vous le pouvez, si vous voulez. Mais, pour le vouloir, je sais ce qu'il vous faut. Pour que vous sauviez l'innocente, il faut, n'est-ce pas, que la coupable s'accuse? Eh bien, je vais tout dire.

ROBERT.

Malheureuse! non, taisez-vous! taisez-vous!

BALDA.

Que je me taise? Oui, j'entends! pour vous laisser le droit de me punir si terriblement, de me condamner à la mort de ma fille! Non, non! je ne veux pas! Tout sur moi, rien sur elle. Je parlerai. D'abord la mort de Mᵐᵉ de Sergy...

ROBERT.

La mourante n'entend plus; mais vous tous qui êtes ici, vous devriez vous retirer.

BALDA.

...La mort de Mme de Sergy n'a pas été causée par son mal. C'est moi, c'est moi qui ai frappé la malade du coup d'une fausse nouvelle de mort ! c'est moi qui l'ai tuée !

LUCIEN.

Ma mère !

(Robert le retient, et lui dit un mot tout bas.)

BALDA, les yeux fixés sur Robert.

Ah ! l'homme implacable ! ça ne lui suffit pas ! il veut que je continue. Eh bien, — vous aviez raison tout à l'heure — c'est moi encore qui ai fait le duel, moi qui ai voulu la mort de Lucien. (Le prenant par la main et l'attirant vers Angélina) Allons ! venez ! venez ! — Il ne s'émeut toujours pas ! Ah ! je vais bien finir par vous toucher, cœur de pierre ! Écoutez. Mes crimes ont avorté, vos espérances vont réussir, et vous allez être heureux, et vous allez épouser Lucie. Eh bien, savez-vous à qui vous le devez ? savez-vous à qui vous devez de ne pas avoir trouvé votre Lucie mourante, comme je vois là mon Angélina ? C'est à elle ! c'est à ma fille ! Oui, sachez tout : Angélina a pris le poison que j'avais destiné à Lucie !

LE COMTE ET LUCIEN.

Oh !

BALDA, croisant les bras.

Et maintenant, je suis bien tranquille ! vous ne pouvez pas ne pas sauver ma fille !

ROBERT, laissant doucement retomber la main d'Angélina qu'il tenait.

Morte !..

LE COMTE, lui montrant Balda.

Monsieur ! par pitié !

9

ROBERT, secouant la tête.

Elle ne comprend pas ce que je dis. (Regardant le comte et Lucien.) Et j'ajoute : elle ne sait pas ce qu'elle dit ; elle est folle.

BALDA, le doigt sur les lèvres, contemplant sa fille.

Paix ! elle dort !

FIN

Paris. — Typ. Ch. Unsinger, 83, rue du Bac.

ŒUVRES DE PAUL MEURICE

—

THÉATRE

ANTIGONE.

HAMLET.

FALSTAFF.

BENVENUTO CELLINI.

SCHAMYL.

PARIS.

L'AVOCAT DES PAUVRES.

FANFAN LA TULIPE.

LE MAITRE D'ÉCOLE.

LE ROI DE BOHÈME.

LES BEAUX MESSIEURS DE BOIS-DORÉ.

FRANÇOIS LES-BAS-BLEUS.

LE DRAC.

LES DEUX DIANE.

LA VIE NOUVELLE.

CADIO.

ROMAN

LA FAMILLE AUBRY.

LES TYRANS DE VILLAGE.

CÉSARA.

LE BON LAHIRE.